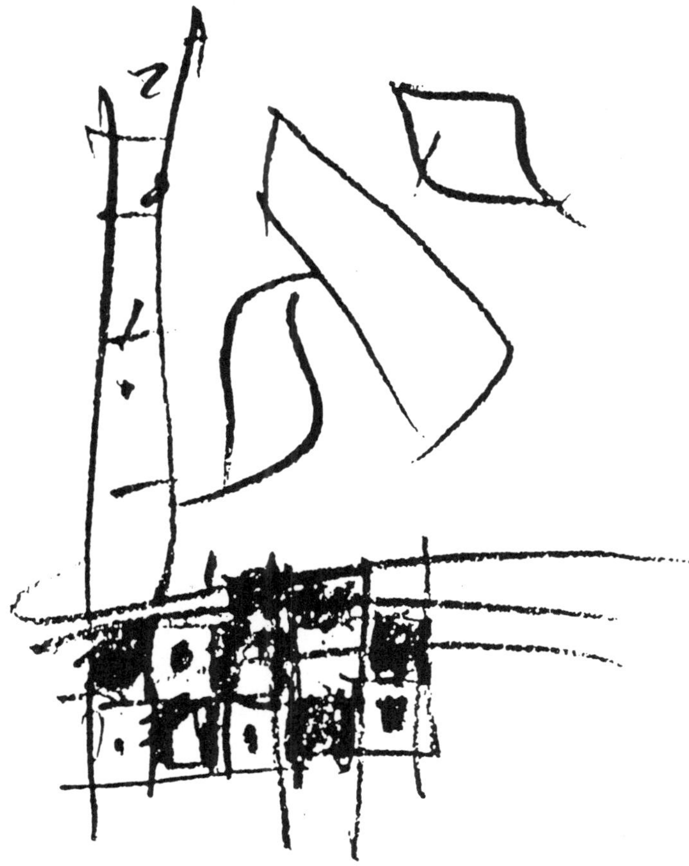

Im Anfang Er

Das Johannesevangelium

Der erste Johannesbrief

neu übersetzt von

Dr. Ulrich Wilckens

Ölbilder und Skizzen von

Andreas Felger

Mit Texten von

Christamaria Schröter

Dr. Ulrich Wilckens

Wolfgang Grusnick

Oliver Kohler

Präsenz

Inhalt

Zu allen Zeiten übt das Johannesevangelium eine außerordentliche Faszination auf seine Leser und Hörer aus. Seine ganz einfache Sprache birgt zugleich eine unausschöpfbare Sinntiefe, die sich auch dem mitteilt, der sie nicht angestrengt hinter den Worten und Sätzen sucht, sondern sich unmittelbar in der Sprache dieses Evangeliums selbst von dem darin waltenden Geheimnis anrühren und bewegen läßt: dem Geheimnis der Gegenwart Gottes im Wort dieses schlichten Berichts von der Geschichte Jesu. Es ist erstaunlich: Von Anfang an sind es Menschen von hervorragender Bildung wie zugleich ganz einfache Menschen; tiefsinnige Theologen wie schlichte Christen, die diese Schrift des Neuen Testaments besonders lieben.

Auch mir ist es an Brennpunkten meines Lebens so ergangen. Zuerst in den letzten schrecklichen Kämpfen des Krieges, in die ich als sechzehnjähriger Junge noch hineingeworfen worden war. In tiefer Angst saß ich da in einem rasch ausgeschaufelten Erdloch. Das unheimliche Brummen der nahenden Panzer drang von ferne bereits heran; und ich las im Johannesevangelium das Wort Jesu: „In der Welt habt ihr Angst, aber seid getrost: Ich habe die Welt überwunden" (Joh 16, 33). Eine Stimme sprach da zu mir, die ich so nah noch nie zuvor gehört hatte: wunderbar liebevoll, ganz und gar glaubwürdig auch im Blick auf die unabsehbaren Schrecken der bevorstehenden Stunden. Ein ganz neues Zuhause fand ich in diesem Wort, das mich von da an mein Leben lang begleitet hat. Es wurde der Schlüssel, der mir dieses Evangelium als ganzes öffnete.

Ich habe später viel studiert, nachgedacht, den Text in mein inneres Leben hineinsprechen lassen – wozu eine große Hilfe das Auswendiglernen ganzer Partien ist. Mehrfach habe ich mich auch daran versucht, dieses Evangelium aus seiner griechischen Ursprache ins Deutsche zu übersetzen. Einer meiner theologischen Lehrer hatte uns Studenten gesagt: Ganz am Ende eines eindringlichen Hörens und Nachdenkens, gleichsam als Summe aller eigenen Anstrengungen zum Verstehen eines Bibeltextes, steht die Aufgabe der Übersetzung.

Eigene Worte zu finden, in denen das Evangelium zu uns heute und hier spricht, – und doch eben Worte, die sich nicht wie ein Filter vor den Text schieben, sondern diesen selbst sprechen lassen; sich als Übersetzer nicht klüger zu dünken als der Evangelist, ihn nicht verbessern, seiner eigenen Art zu überzeugen nicht nachhelfen zu wollen durch Formulierungen, die heute „besser ankommen"; vielmehr als Übersetzer ganz dem Evangelisten zu dienen, sorgfältig bis in alle Einzelheiten hinein zum Klingen zu bringen, was er geschrieben und wie er es ausgedrückt hat, so daß die Übersetzung möglichst ganz zum Vermittler seines Sprechens wird, –: das ist eigentlich die Aufgabe des Übersetzers. Eine sehr schwierige Aufgabe! Sie erfordert vom Übersetzer nicht nur ein volles inhaltliches Verstehen dessen, was der Text sagt, sondern zugleich auch ein Vertrautsein mit den Eigenheiten und dem Ausdrucksreichtum der eigenen Sprache, um darin die Eigenart der Sprache des Autors selbst zur Wirkung zu bringen. Sie erfordert überdies auch, sich einzufühlen in die Erfahrungen christlichen Glaubenslebens, aus denen heraus der Johannesevangelist sein Buch geschrieben hat, und die gleichsam überall zwischen den Zeilen in seinen Text eingeflossen sind und dessen Tiefenschichten bestimmen.

Dazu mag jener Satz als Beispiel dienen: „In der Welt habt ihr Angst" (Joh 16, 33) – das erschließt sich jedem Menschen sofort, zumal wenn man beachtet, daß im griechischen Wort die bedrängende Wirkung der Angst mit anklingt, die von allen Seiten gegen uns andringt und unsere Seele wie in eine verzweifelte Enge zusammenpressen kann. Aber der Zuspruch: „Seid getrost!" ergibt sich aus dieser Angst-Erfahrung keineswegs – erst recht nicht, wenn man mitbedenkt, daß ein Mut gemeint ist, der die Angst nicht überblendet, sondern den Kampf gegen die erfahrene Bedrängnis aufnimmt. Dieser Zuspruch bekommt seine Kraft erst aus der folgenden Zusage: „Ich habe die Welt überwunden". Damit ist der Sieg gemeint, den Jesus über die Welt als den Ort aller menschlichen Ängste errungen hat, indem er sie selbst auf seinem Wege zum Kreuz erfahren hat (vgl. Joh 12, 27!).

Die Quelle der Überzeugungskraft des Zuspruchs Jesu liegt in Ihm selbst. So erzählt es Johannes in der Geschichte vom Seesturm (6, 16-21). Die Jünger sind allein im Boot und kämpfen gegen Wind und Wellen. Da sehen sie Jesus auf dem Wasser zu ihnen kommen. In ihre Angst hinein sagt er zu ihnen: „Fürchtet euch nicht: Ich bin es!" Offensichtlich setzt Johannes hier voraus, daß seine Leser so reagieren, wie er es von den Jüngern erzählt. Dies eine Wort „Ich bin es" löst ihre Angst. Warum? Die Antwort des Evangelisten ist klar: Jesus ist Gottes Sohn. Jesus kann, was Gott kann. In Jesu „Ich" ist Gottes „Ich" zu hören – so wie Gott von Anfang an seinem erwählten Volk zugesprochen hat: „Ich bin der Herr, dein Gott" (2.Mose 20,2). Das heißt für das alttestamentliche Gottesvolk: Alles, was Gott ist, will und kann, dient den Seinen und kommt ihnen zugute. Durch die ganze Geschichte Israels war dies die Schlüsselerfahrung: Gott als der Herr über uns, der Macht hat über alle Mächte im Himmel wie auf Erden, – er lebt für uns, und er geht mit uns. Wie er sein Volk mitten durch das Meer hindurchgeführt hat und danach vierzig Jahre durch die Wüste, so ist und bleibt er mit den Seinen auf allen Wegen. So lautet der Name Gottes: „Ich bin, der Ich bin" bzw. „Ich werde sein, der Ich sein werde" (2.Mose 3, 14).

Dieser Name Gottes nun ist im Johannesevangelium auch der Name Jesu! Wo immer das „Ich" Jesu auftaucht, spricht darin zugleich das „Ich" Gottes. Alle Gotteserfahrungen Israels münden im Zusammenleben der Christen in die eine Grunderfahrung: Dieser Mensch Jesus ist Gottes Sohn. „Ich und der Vater sind eines" (10,30; vgl. 17, 22-23!). Alle Rettung, alles Heil, alles Leben, alle Freude und alle Gemeinschaft der Christen gründen in Ihm und gehen von Ihm aus. Das verdichtet sich dort, wo Jesus im Wortlaut des Namens Gottes von 2.Mose 3 selbst „Ich bin" sagt. Um dies beim Lesen augenfällig werden zu lassen, habe ich es in meiner Übersetzung an allen Stellen in große Buchstaben gesetzt: „ICH BIN". Das mag eine Hilfe sein mitzuhören, was im Wortlaut selbst nicht eigens ausgeführt wird, von woher dieser aber erst in seiner ganzen Tiefe zu verstehen ist.

Ich meine, daß sich diese Urerfahrung des Glaubens, in dem und aus dem heraus das Johannesevangelium geschrieben ist, noch konkreter verorten läßt. Jedem, der das Johannesevangelium mit den drei anderen Evangelien vergleicht, fällt auf, daß im Zusammenhang der Leidensgeschichte der Bericht von der Einsetzung des Heiligen Mahles fehlt. An seiner Stelle steht die Fußwaschung, in der sich zeichenhaft abbildet, daß Jesus aus Gottes Liebe handelt und seine Jünger zum Zusammenleben in seiner Liebe ruft (Joh 13, 1-17). Das Fehlen der Einsetzungsworte darf man nicht in dem Sinne mißverstehen, als ob dem Johannesevangelisten daran läge, den gottesdienstlichen Vollzug des Abendmahls durch das freie Tun der gegenseitigen Liebe zu ersetzen. Er setzt vielmehr die Vertrautheit seiner Leser mit dem Heiligen Mahl voraus und läßt Jesus gerade an dieser Stelle von dem tiefen Sinn eben dieser kirchlichen Handlung reden: Jesu Liebe wird darin als Gottes Liebe erfahren; und sie ist es, die die versammelten Jünger untereinander zu einer Mahlgemeinschaft verbindet, die von diesem zentralen Ort des Gottesdienstes aus ihr ganzes Zusammenleben bestimmen soll und durchdringen will. Die Einsetzung des Heiligen Abendmahls selbst klingt darum an anderer Stelle im Johannesevangelium an, nämlich im sechsten Kapitel. Dort wird von dem Mahl der Fünftausend erzählt, bei dem das Wunder sich ereignet, daß Jesus das Brot bricht und es in kleinen Stücken an diese große Gemeinde austeilen läßt, – und alle werden gesättigt, nicht nur körperlich, sondern ganz und gar. Denn: „ICH BIN das Brot des Lebens" (Joh 6, 35). Daß hier von der besonderen Glaubenserfahrung die Rede ist, die in jeder Eucharistiefeier der Kirche die Mitte bildet, kommt am Ende der langen Rede Jesu zu Wort: „Wer mein Fleisch ißt und trinkt mein Blut, hat ewiges Leben" (Joh 6, 54). Ich frage: Sollte nicht überhaupt alles, was Jesus im Johannesevangelium tut und redet, aus der Erfahrung des ständigen Umgangs mit diesem Sakrament zu verstehen sein, weil erst in dieser zur Leibhaftigkeit verdichteten, sakramentalen Gegenwart Jesu inmitten seiner Gemeinde dieses „ICH BIN" in seiner ganzen Tiefe konkret erlebbar wird? Und läßt sich nicht von daher das Johannesevangelium in seiner besonderen Eigenart, der „sakramentale" Charakter seiner Sprache verstehen: daß darin Jesus selbst gegenwärtig ist, das „Wort" des Uranfangs (1, 1), das Fleisch geworden ist (1, 14)?

Wo immer Jesus in diesem Evangelium zu seinen Jüngern redet, spricht Er selbst auch zum Leser. Wo immer seine Wunder berichtet werden, wird die wunderbare „Zeichen"-Kraft seiner Offenbarung als Gottes Sohn (2, 11) auch für die Leser wirksam. Und Jesu Passion, sein Tod am Kreuz, die Erfahrung seiner Auferstehung öffnet sich auch den Lesern. So nah Jesus selbst dem Menschen begegnet, der an ihn glaubt und ihm vertraut (6, 68f), so nah ist auch sein Reden und Tun im Wortlaut des Johannesevangeliums zugegen (20, 31).

So nah muß sich aber umgekehrt nun auch der Wortlaut der Übersetzung dieses Evangeliums an den des Urtextes halten. Nur so erfüllt die Übersetzung ihre Aufgabe, die von der Aufgabe der Predigt wohl zu unterscheiden ist. Eine Predigt ist gut, wenn es darin gelingt, den Text der Heiligen Schrift in das christliche Leben heute zu übersetzen. Eine Übersetzung ist umgekehrt in dem Maße gut, in dem es darin gelingt, in ihrer Sprache die Sprache des Evangeliums selbst reden zu lassen und so den heutigen Leser hineinzunehmen in das Geheimnis der Gegenwart dessen, der in der Heiligen Schrift selbst spricht – als das Wort, das Fleisch geworden ist (1, 14).

Dies zu tun, habe ich mich in der vorliegenden Übersetzung nach Kräften bemüht. Es war mein Ziel, den Leser so nah wie möglich an der Hörerfahrung derer teilhaben zu lassen, die in der Lage sind, mit dem griechischen Urtext dieses Evangeliums umzugehen, als wäre es unsere eigene Muttersprache. In solcher Absicht meine ich, dem Leser manche sprachliche Ungewohntheit, ja manche Härte zumuten zu sollen: nicht aus Gründen einer philologischen Übergelehrtheit, sondern weil nur so jene Erfahrungsnähe zum Urtext gewonnen werden kann. Das beginnt in der Wortwahl und erstreckt sich bis in die Satzstellung.

Manche Wörter des Urtextes sind, unmittelbar-‚wörtlich' übersetzt, zwar nicht auf Anhieb verständlich. Aber meist ergibt sich aus dem Zusammenhang die Bedeutung eines Wortes sogar besser, als wenn der Übersetzer die sprachliche Härte durch die Wahl eines anderen Wortes zu vermeiden suchen würde, das zwar als solches dem unmittelbaren Verstehen eingängiger ist, aber doch nur einen Teil der Bedeutung des originalen Wortes vermittelt. Eine in diesem Sinn wörtliche Übersetzung erschließt dem Leser mehr vom Urtext als jede predigtartig ausdeutende Übertragung. Dafür habe ich einigen Abschnitten und charakteristischen Begriffen dieser biblischen Texte meditative Erläuterungen beigegeben. Mein Wunsch ist, daß der moderne Leser darin Brücken zum Verständnis findet.

Auch die Stellung der Wörter im Satz und der Satzbau sind in dieser Übersetzung, wo irgendmöglich, dem Urtext entsprechend angeordnet. Das mag bei stillem Lesen aufs erste befremden. Liest man aber laut, so merkt man von solcher Irritation nichts mehr, sondern kann vielmehr gewahr werden, wie eindringlich die Sätze klingen und wie durch den Satzbau Schwerpunkte wie von selbst im Hören bemerkt werden können.

Daß aber die karge originale Sprache dieses Evangeliums auf ein sehr persönlich-konkretes Hören und glaubendes Antworten auch des heutigen Lesers zielt, darauf sucht ihn die vorliegende Ausgabe durch verschiedene Beispiele in Bild und Wort hinzuweisen, die den Text der Übersetzung begleiten. Der Maler Andreas Felger, die Ordensschwester Christamaria Schröter, der Dompastor Wolfgang Grusnick haben aus intensiver Begegnung mit dem Johannesevangelium Beiträge zu meditativer Aneignung geschaffen, die für den Leser hilfreich sein möchten. Indem sie den Zeitgenossen teilhaben lassen an ihrer ganz persönlichen Weise, aus der Ruhe und Andacht ihres Hörens heraus ihre eigene Antwort auf das Wort des Evangeliums zu finden, möchten sie ihn anregen, auch selbst eigene Wege einer Antwort zu suchen. Die Bilder von Andreas Felger wollen lange Zeit intensiv geschaut und betrachtet werden, bevor sie sich als Meditationsübung in diesem Sinne erschließen. Und die Texte von Christamaria Schröter und Wolfgang Grusnick möchten entsprechend einladen, eigene Erfahrungen mit dem Wortlaut des Evangeliums in Worte des Gebets und der Anbetung münden zu lassen.

Die Arbeit an dieser Übersetzung geschah an Ruhetagen oder in Urlaubszeiten während der letzten Jahre. Das Johannesevangelium wurde mir dabei zu einem Ort der Rast und der inneren Einkehr, zu dem man gern immer wieder aus der Unrast des täglichen Betriebs hinausgeht, „um Wasser zu schöpfen" (4, 7). Und dieses Evangelium läßt einen solchen Leser nicht ohne die immer neu überraschende Erfahrung, daß das Wasser, das hier zu schöpfen ist, „lebendiges Wasser" ist, das in unserem Innern „zu einer Wasserquelle wird, sprudelnd ins ewige Leben" (4, 10.14). Die letzten Kapitel der Übersetzung schrieb ich im Sommer des vergangenen Jahres im Zimmer eines Krankenhauses während der Vorbereitungstage auf eine schwere Operation. Da kam ich wieder an jene Stelle am Schluß des 16. Kapitels – und wieder wurde sie mir zu einem Schlüsselwort des Glaubens in einer Situation zwischen Leben und Tod. Und erneut ist mir dieses Wort hernach zu einem Brennpunkt großer Dankbarkeit geworden zu Dem, der uns zuspricht: „Seid getrost: Ich habe die Welt besiegt".

Lübeck, am 17. Februar 1991 (Invocavit)
Ulrich Wilckens

Die Übersetzung

von Ulrich Wilckens

Das Johannesevangelium

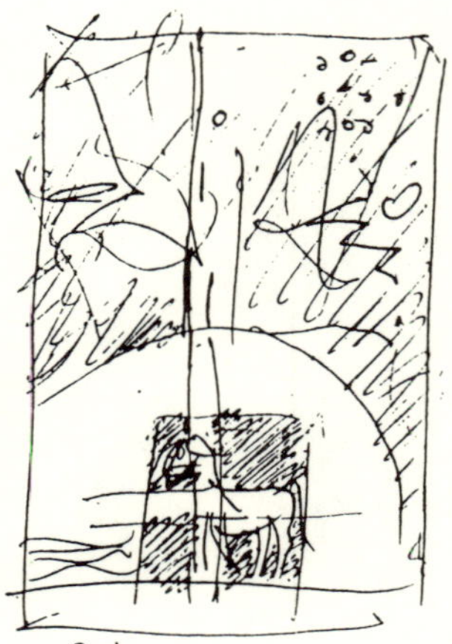

Erläuterungen

Zu 1, 1-18

Das Johannesevangelium beginnt mit einem gottesdienstlichen Lied, das von dem Urgeheimnis allen Lebens singt: Gottes Schöpfung ist es – nicht unsinniger Zufall. Und Gott, der es geschaffen hat, teilt sich ihm selbst mit. Gott ist nicht zuerst für sich selbst da, sondern für seine Geschöpfe. Das ist sein Wesen: Dasein für andere, Sich-Mitteilen. Im Uranfang, als nur Gott da war, war sein Wort, in dem er sich mitteilt, schon mit ihm selbst zusammen da. Gott ist das Wort, in dem er sich mitteilt. Seine Geschöpfe sind nicht sein Machwerk, sondern sie sind von Gott hervorgerufen, von ihm gewollt, von ihm geliebt. Sie sind die „Seinen". Gottes Familie gleichsam sind alle Menschen, die ihn hören, das Wort des Lebens.

Aber mit diesem Ur-Geheimnis ist von Anfang an der Ur-Skandal allen Lebens verbunden: Die Menschen hören nicht auf Gott. Sie verschließen sich seinem Wort. Als könnten sie aus sich selbst leben, jeder für sich allein. Doch ohne Gott sind Menschen „Fleisch". Bloßes Fleisch aber ist verletzbar und sehr verletzlich. Und lebloses Fleisch verdirbt rasch...

Aber Gott läßt die Seinen nicht verkommen. Die von ihnen verachtete Mitteilung des Schöpfers wird nun zur Liebe zu seiner verlorenen Welt. Sein Wort wird nun selbst „Fleisch": Gottes eigener Sohn wird ein Mensch von Fleisch und Blut, uns allen gleich, uns allen nah. So kann es geschehen, daß wir ihn wieder hören und Vertrauen fassen zu ihm, dem Wort des Lebens. Im Glauben an ihn, Jesus Christus, Gottes Sohn an unserer Seite, kann ich wieder zu leben beginnen, bin ich nicht bloßes „Fleisch", sondern Gottes Kind.

Zu 1, 29 und 1, 36

Jesus, „das Lamm Gottes": In dem Lied vom „Knecht Gottes" im Jesajabuch (Kapitel 53) singt der Prophet vom stellvertretenden Leiden eines Namenlosen, der im Auftrag Gottes die Sünden seines Volkes auf sich genommen und gesühnt hat: „Fürwahr, er trug unsere Krankheit und lud auf sich unsere Schmerzen... Er ist um unserer Missetat willen verwundet und um unserer Sünde willen zerschlagen. Die Strafe liegt auf ihm, auf daß wir Frieden hätten, und durch seine Wunden sind wir geheilt... Der Herr warf unser aller Sünde auf ihn. Als er gemartert ward, litt er doch willig und tat seinen Mund nicht auf wie ein Lamm, das zur Schlachtbank geführt wird; und wie ein Schaf, das verstummt vor seinem Scherer, tat er seinen Mund nicht auf... Durch seine Erkenntnis wird er, ... der Gerechte, den Vielen Gerechtigkeit schaffen; denn er trägt ihre Sünden."

Im Bericht vom Auszug des Volkes Israel aus der Sklaverei in Ägypten heißt es (2. Mose 12): „Sagt der ganzen Gemeinde Israel: Am zehnten Tage dieses Monats nehme jeder Hausvater ein Lamm... Und sie sollen von seinem Blut nehmen und beide Pfosten an der Tür und die oberen Schwellen damit bestreichen an den Häusern, in denen sie es essen... So sollt ihr es aber essen: Um eure Lenden sollt ihr gegürtet sein und eure Schuhe an euren Füßen haben und den Stab in der Hand und sollt es essen als die, die hinwegeilen; es ist des Herrn Passa. Denn ich will in derselben Nacht durch Ägyptenland gehen und alle Erstgeburt schlagen... Dann aber soll das Blut euer Zeichen sein an den Häusern, in denen ihr seid. Wo ich das Blut sehe, will ich an euch vorübergehen, und die Plage soll euch nicht widerfahren, die das Verderben bringt, wenn ich Ägypten schlage".

Zu 1, 35-51

Zum Glauben kommen die Jünger nicht durch umständliche „Beweise". Jesus sagt zu ihnen: „Kommt und seht!" Wer dieser Einladung folgt und sich auf den Weg macht, den er vorangeht, lernt es bald, „zu sehen, wo er bleibt". Das ist ein tieferes Sehen als das uns zumeist gewohnte: ein Schauen der Wahrheit in allen Dingen. Und die Wahrheit Jesu ist, daß er Gottes Sohn ist und es – durch sein ganzes menschliches Leben hindurch bis zum Tod am Kreuz – bleibt: Er bleibt mit Gott verbunden: „Ich und der Vater sind eins" (10, 30). Das heißt für den Jünger: Jesus „durchschaut" ihn. Jesus sieht uns nicht, wie wir gerne gesehen werden wollen, sondern wie Gott uns sieht. Und er lehrt uns, Gott so zu sehen, wie Jesus ihn sieht.

(1, 1-18) **Das Wort ward Fleisch.**

1

1 *Im Anfang war Er, das Wort,*
und das Wort war bei Gott,
und Gott war das Wort.
2 *Nur Er war im Anfang bei Gott.*
3 *Alles ist durch Ihn geworden,*
und ohne Ihn ist auch nicht eines geworden, was da ist.
4 *In Ihm war das Leben,*
und das Leben war das Licht der Menschen.
5 *Und das Licht scheint in der Finsternis,*
und die Finsternis nahm es nicht an.

6 Es trat auf ein Mensch, gesandt von Gott, sein Name:
7 Johannes. Der kam zum Zeugnis, um Zeuge zu sein für das
8 Licht, damit alle zum Glauben kommen durch ihn. Dieser
war nicht selbst das Licht, sondern Zeuge sollte er sein für
das Licht.

9 *Er war das wahre Licht,*
das jeden Menschen erleuchtet,
der in die Welt kommt.
10 *In der Welt war Er,*
und die Welt ist durch Ihn geworden,
und die Welt hat Ihn nicht erkannt.
11 *In das Seine kam Er,*
und die Seinen nahmen Ihn nicht an.
12 *So viele aber Ihn annahmen,*
ihnen gab er das Recht, Kinder Gottes zu werden,
die glauben an Seinen Namen;
13 *die nicht aus dem Geblüt noch dem Willen des Fleisches,*
und nicht aus dem Willen eines Mannes,
sondern aus Gott geboren sind.
14 *Und das Wort ward Fleisch,*
und Wohnung nahm Er unter uns,
und wir haben geschaut Seine Herrlichkeit,
Herrlichkeit, wie sie allein der Sohn hat vom Vater her,
voller Gnade und Wahrheit.

15 Johannes spricht als Zeuge für Ihn; gerufen hat er:
„Dieser war's, von dem ich gesagt habe: Der mir nachfolgt,
ist vor mir gewesen, weil er der Erste ist, eher denn ich."

16 *Denn aus Seiner Fülle*
haben wir alle empfangen
Gnade um Gnade.
17 *Denn das Gesetz ist durch Mose gegeben,*
Gnade und Wahrheit sind durch Jesus Christus geworden.
18 *Gott hat niemand je gesehen:*
Der Eine Sohn, Gott,
der am Herzen des Vaters ist,
Er hat's gekündet.

(1, 19-51) **Komm und sieh!**

19 Und das ist das Zeugnis des Johannes, als die Juden
entsandten zu ihm aus Jerusalem Priester und Leviten, um
20 ihn zu fragen: „Wer bist du?" Und er bekannte und leugnete
21 nicht; er bekannte: „Ich bin nicht der Christus." Und sie be-
fragten ihn: „Was denn? Bist du Elias?" Und er sagte: „Ich
bin es nicht." „Bist du der Prophet?" Er antwortete: „Nein."
Sprachen sie zu ihm: „Wer bist du? Wir müssen doch Ant- 22
wort bringen denen, die uns gesandt haben! Was sagst du 23
über dich selbst?" Er sagte: „Ich – Stimme eines Rufers in
der Wüste: Bereitet den Weg des Herrn –, wie Jesaja gesagt
hat, der Prophet."
Und sie waren gesandt von den Pharisäern. 24
Und sie fragten ihn weiter und sagten: „Warum 25
taufst du also, wenn du nicht der Christus bist und nicht
Elias und nicht der Prophet?" Johannes antwortete ihnen: 26
„Ich taufe in Wasser: Mitten unter euch steht da, den ihr
nicht kennt, der mir nachfolgt, dem ich aber nicht wert bin, 27
den Riemen seines Schuhs zu lösen."
Das geschah in Betanien, jenseits des Jordan, wo 28
Johannes sich aufhielt und taufte.
Am Tage darauf sieht er Jesus zu ihm kommen und 29
sagt: „Sieh, das Lamm Gottes, das wegträgt die Sünden der
Welt! Der ist's, über den ich gesagt habe: Mir nach kommt 30
ein Mann, der vor mir gewesen ist, weil er der Erste ist, eher
als ich. Auch ich kannte ihn nicht, sondern damit er Israel 31
offenbar werde, darum bin ich gekommen, in Wasser zu
taufen." Und es bezeugte Johannes und sagte: „Geschaut 32
habe ich's: Der Geist kam herab wie eine Taube aus dem
Himmel und blieb auf ihm! Und ich kannte ihn nicht; aber 33
der mich gesandt hat zu taufen in Wasser, der hat mir
gesagt: Auf wen du den Geist herabkommen siehst und
bleiben auf ihm, der ist's, der tauft in Heiligem Geist! Und 34
ich habe gesehen und mein Zeugnis lautet: Dieser ist der
Sohn Gottes!"

Am Tage darauf steht Johannes wieder da und zwei 35
von seinen Jüngern. Und wie er Jesus erblickte, der des 36
Weges kam, sagte er: „Sieh – das Lamm Gottes!" Und 37
seine zwei Jünger hörten ihn das sagen und folgten Jesus.
Da wandte Jesus sich um und sah sie folgen und sagt zu 38
ihnen: „Was sucht ihr?" Sie aber sagten zu ihm: „Rabbi
(das heißt übersetzt: Meister), wo bleibst du?" Sagt er 39
zu ihnen: „Kommt und seht!" Sie kamen nun und sahen, wo
er bleibt, und blieben bei ihm jenen Tag. Es war um die
zehnte Stunde.
Es war aber Andreas, der Bruder des Simon Petrus, 40
einer von den Zweien, die gehört hatten von Johannes und
ihm gefolgt waren. Der findet als ersten seinen Bruder 41
Simon und sagt zu ihm: „Wir haben den Messias gefunden"
(das heißt übersetzt: den Christus). Er führte ihn zu Jesus. 42
Wie Jesus ihn erblickte, sagte er zu ihm: „Du bist Simon,
Johannes Sohn: Du sollst Kephas heißen" (was übersetzt
ist: Petrus).
Am Tage darauf wollte er fortgehen, nach Galiläa hin- 43
ein, und findet Philippus. Und Jesus sagt zu ihm: „Folge
mir!" Es war aber Philippus von Betsaida, aus der Stadt des 44
Andreas und Petrus. Philippus findet Natanael und sagt zu 45
ihm: „Der, von dem Mose geschrieben hat im Gesetz und die
Propheten, den haben wir gefunden: Jesus, Josefs Sohn von
Nazaret." Und Natanael sagte zu ihm: „Aus Nazaret, was 46
kann da Gutes kommen!" Sagt Philippus zu ihm: „Komm
und sieh!" Jesus sah Natanael zu ihm kommen und sagt 47
über ihn: „Sieh, wirklich: ein Israelit, in dem kein Falsch
ist!" Sagt Natanael zu ihm: „Woher kennst du mich?" 48
Antwortete Jesus und sagte zu ihm: „Bevor Philippus dich
rief, als du unter dem Feigenbaum saßest, sah ich dich."

Zu 2, 1-11

Alle Wunder, die Johannes von Jesus erzählt, sind hintergründig. Wer sie von außen, auf ihre Oberfläche hin, sieht, versteht nichts oder mißdeutet alles. Ihre Tiefe, die Wahrheit in ihnen, begreift nur, wer im Glauben Jesus selbst sieht, wie er in Wahrheit ist: Gottes eigener Sohn, dessen Lebensweg auf seine Kreuzigung zuführt. Das ist „seine Stunde" – seine Wunder sind Zeichen des Heiles, das aus Jesu Kreuz uns zuwächst. So wird aus Wasser, das einen Menschen nur äußerlich reinigt, Wein: der Wein der Abendmahlsfeier, in dem Christus selbst in unser Leben eingeht. Für uns ist er gestorben und für uns lebt er. Vergleiche dazu Kapitel 6, 53-58.

Zu 2, 12-22

Johannes stellt die Erzählung von Jesu provozierendem Handeln im Tempel, mit der in den anderen Evangelien die Passion beginnt, bewußt an den Anfang der Geschichte Jesu. Was Jesus hier tut und sagt, sollen wir wieder als eine „Zeichen"-handlung verstehen. Das Passafest weist auf das Passa seines Todes. Und hinter dem Tempel sollen wir auf ihn selbst schauen, der am Kreuz hingerichtet wird und aus diesem Tod als der Lebendige hervorgeht. So wird er selbst zum wahren Tempel, in dem die Jünger aus allen Völkern zu Gott finden und Gott anbeten.

Zu 3, 1-8

„Wir wissen" – das findet an Jesus seine Grenze. Der Glaube beginnt mit der Erfahrung, daß wir nichts wissen von der Wahrheit zwischen Gott und den Menschen. Wer davon etwas wissen will, muß „neu geboren" werden, nämlich durch Gottes Geist, der wie ein wunderbarer Wind ist. Man kann ihn nicht machen, nicht berechnen, sondern nur erfahren und in sich wirken lassen.

Zu 3, 14

4. Mose 21, 8: „Da sprach der Herr zu Mose: Mache dir eine eherne Schlange und richte sie an einer Stange hoch auf. Wer (von den Giftschlangen in der Wüste) gebissen ist und sieht sie an, der soll leben."

49 Antwortete Natanael: „Rabbi, du bist Gottes Sohn! Du bist
50 der König von Israel!“ Antwortete Jesus und sagte zu ihm:
„Weil ich dir gesagt habe: Ich sah dich unter dem Feigen-
51 baum, glaubst du? Größeres als dies wirst du sehen!“ Und
er sagte zu ihnen: „Amen, amen, ich sage euch: Ihr werdet
den Himmel offen sehen und die Engel auf- und niederstei-
gen auf den Menschensohn!“

(2, 1-11) Der Anfang der Zeichen.

2

1 Und am dritten Tage war eine Hochzeit in Kana in
2 Galiläa; und Jesu Mutter war dort. Aber auch Jesus war zu
3 der Hochzeit eingeladen und seine Jünger. Und als der Wein
ausging, sagt Jesu Mutter zu ihm: „Sie haben keinen Wein
4 mehr!“ und Jesus sagt zu ihr: „Was geht das mich an, Frau!
5 Meine Stunde ist noch nicht gekommen.“ Sagt seine Mutter
6 zu den Dienern: „Was er euch sagt, das tut!“ Es standen dort
aber sechs steinerne Wasserkrüge, die nach dem Ritus der
Juden der Reinigung dienten; die faßten je zwei bis drei
7 Maß. Sagt Jesus zu ihnen: „Füllt die Krüge mit Wasser!“
8 Und sie füllten sie bis an den Rand. Und er sagt zu ihnen:
„Schöpft nun und bringt es dem Küchenmeister!“ Und sie
9 brachten es. Wie aber der Küchenmeister schmeckte: das
zu Wein gewordene Wasser, – und er wußte nicht, woher er
kam; die Diener aber wußten es, hatten sie doch das Wasser
geschöpft, – da ruft der Küchenmeister den Bräutigam und
10 sagt zu ihm: „Jedermann gibt zuerst den guten Wein und,
wenn sie angetrunken sind, den schlechteren: Du hast den
guten Wein bis jetzt aufbewahrt!“
11 Dies ist der Anfang der Zeichen, die Jesus getan hat,
in Kana in Galiläa; und er offenbarte seine Herrlichkeit, und
seine Jünger glaubten an ihn.

(2, 12-22) Der Tempel seines Leibes.

12 Danach ging er hinab nach Kafarnaum, er und seine
Mutter und seine Brüder und seine Jünger; und sie blieben
dort nur wenige Tage.
13 Und nahe war das Passa, das Fest der Juden. Und
14 Jesus ging hinauf nach Jerusalem. Und im Tempel fand er
die Verkäufer von Rindern, Schafen und Tauben und die
15 Geldwechsler dasitzen. Und er machte eine Rute aus Strik-
ken und warf sie alle heraus aus dem Tempel, ebenso die
Schafe und die Rinder; und schüttete den Wechslern das
Geld aus und stieß ihre Tische um, und zu den Taubenhänd-
16 lern sagte er: „Schafft das fort von hier, und macht das Haus
17 meines Vaters nicht zum Marktplatz!“ Da erinnerten sich
seine Jünger, daß es in der Schrift heißt: „Der Eifer um dein
18 Haus wird mich verzehren.“ Da antworteten die Juden und
sagten zu ihm: „Was für ein Zeichen weist du uns vor, daß
19 du dies tun darfst?“ Jesus antwortete und sagte zu ihnen:
„Brecht diesen Tempel ab – und in drei Tagen werde ich ihn
20 wieder errichten!“ Da sagten die Juden: „In sechsundvier-
zig Jahren ist dieser Tempel erbaut worden, und du willst
21 ihn in drei Tagen wieder errichten?“ Er aber hatte vom
22 Tempel seines Leibes gesprochen. Als er dann von den
Toten auferstanden war, erinnerten sich seine Jünger, daß
er dies gesagt hatte, und sie glaubten der Schrift und dem
Wort, das Jesus gesagt hatte.

Geboren aus Wasser und Geist. (2, 23-3,21)

Als er in Jerusalem war, am Passafest, glaubten viele 23
an seinen Namen, weil sie die Zeichen sahen, die er tat. Er 24
aber, Jesus, vertraute sich ihnen nicht an, weil er sie alle
kannte, und weil er es nicht nötig hatte, daß irgendeiner 25
Zeugnis gäbe über den Menschen; er wußte ja selbst, was
im Menschen war.

3

Es war aber ein Mensch, aus dem Kreis der Pharisä- 1
er, Nikodemus mit Namen, ein Ratsmitglied der Juden. Der 2
kam des Nachts zu ihm und sagte zu ihm: „Rabbi, wir wis-
sen, daß du von Gott gekommen bist, ein Lehrer. Denn nie-
mand kann diese Zeichen tun, die du tust, wenn nicht Gott
mit ihm ist.“ Jesus antwortete und sagte zu ihm: „Amen, 3
amen, ich sage dir: Wenn einer nicht von oben her neuge-
boren ist, kann er das Reich Gottes nicht sehen.“ Sagt Niko- 4
demus zu ihm: „Wie kann ein Mensch geboren werden,
wenn er alt ist? Kann er denn ein zweites Mal in den Schoß
seiner Mutter hineinkommen und geboren werden?“ Jesus 5
antwortete: „Amen, amen, ich sage dir: Wenn einer nicht
geboren wird aus Wasser und Geist, kann er nicht hinein-
kommen in das Reich Gottes. Was aus dem Fleisch geboren 6
ist, ist Fleisch, – und was aus dem Geist geboren ist, ist
Geist. Wundere dich nicht, daß ich dir gesagt habe: Ihr 7
müßt von oben her neu geboren werden. Der Wind des 8
Geistes weht, wo er will. Seine Stimme hörst du, aber du
weißt nicht, woher er kommt und wohin er geht: So ist
jeder, der aus dem Geist geboren ist.“
Nikodemus antwortete und sagte: „Wie kann das ge- 9
schehen?“ Antwortete Jesus und sagte: „Du bist der Lehrer 10
Israels und weißt das nicht? Amen, amen, ich sage dir: Was 11
wir wissen, reden wir; und was wir gesehen haben, bezeu-
gen wir, – und unser Zeugnis nehmt ihr nicht an! Wenn ich 12
euch gesprochen habe von dem, was auf Erden ist, und ihr
glaubt nicht, – wie werdet ihr glauben, wenn ich euch sage,
was im Himmel ist? Und niemand ist in den Himmel hinauf- 13
gestiegen außer dem, der vom Himmel herabgekommen
ist, der Menschensohn! Und wie Mose die Schlange in der 14
Wüste erhöht hat, so muß der Menschensohn erhöht wer-
den, damit jeder, der an ihn glaubt, ewiges Leben hat. So 15.16
sehr nämlich hat Gott die Welt geliebt, daß er seinen einzi-
gen Sohn gab, damit jeder, der an ihn glaubt, nicht verloren-
geht, sondern ewiges Leben hat. Denn nicht hat Gott seinen 17
Sohn in die Welt gesandt, daß er das Gericht vollziehe an
der Welt, sondern daß die Welt gerettet werde durch ihn.
Wer an ihn glaubt, wird nicht gerichtet. Wer aber nicht 18
glaubt, ist schon gerichtet, weil er nicht geglaubt hat an den
Namen des einzigen Sohnes Gottes. Das aber ist das Ge- 19
richt: daß das Licht in die Welt gekommen ist und die Men-
schen die Finsternis mehr geliebt haben als das Licht, denn
ihre Werke waren böse. Jeder, der das Schlechte tut, haßt 20
das Licht und kommt nicht zum Licht, damit seine Werke
nicht an den Tag kommen. Wer aber die Wahrheit tut, 21
kommt zum Licht, damit offenbar wird, daß seine Werke in
Gott getan sind.“

Nicht nach Maß gibt er den Geist. (3, 22-36)

Danach kam Jesus mit seinen Jüngern nach Judäa 22
hinein und hielt sich dort auf mit ihnen zusammen und
taufte. Es war aber auch Johannes als Täufer tätig in Ainon 23

Zu 3, 30

Johannes der Täufer soll und will nichts anderes sein als der, der die Menschen auf Jesus hinweist – so wie Mathias Grünewald ihn auf der Kreuzigungstafel des Isenheimer Altars gemalt hat. Jesus ist wie die aufgehende Sonne, deren Strahlen das Licht des Mondes weichen muß.

Zu 4, 1-42

Stufenweise führt Jesus diese Frau zur Erkenntnis des wahren Glaubens: vom „lebendigen" Quellwasser, das aus dem Jakobsbrunnen hervorquillt, zu dem „Wasser des Lebens", das den Durst nach wahrem Leben stillt; von dem Durst nach Leben, der diese Frau von einem Mann zum anderen getrieben hat, zu dem Durst nach Leben, den allein die Religion stillt; von den Gräben zwischen den Religionen, die sich gegenseitig ausschließen, zu der einen, wahren Religion, die aus der Erfahrung des Geistes Gottes selbst die wahre Weise seiner Anbetung lernt: und von der jüdischen Erwartung des Messias in der Zukunft der Endzeit zum Glauben an Jesus, der als Gottes Sohn der Messias ist. Man sollte also nicht meinen, der Glaube sei mit einem Mal zugänglich – so wie wir Menschen der modernen Konsumwelt alle Zeit-Wege verkürzen und alles zum Greifen nahe und bereit haben wollen. Wie alle wahre Erkenntnis Zeit braucht, Wege zurücklegen muß, veränderte Fragestellungen zulassen muß, so erst recht die Erkenntnis des Glaubens. So will auch Glaube, will auch Beten gelernt werden lebenslang.

nahe bei Salim. Denn dort gab es viel Wasser, und sie
24 kamen zu ihm und ließen sich taufen. Denn noch war
Johannes nicht ins Gefängnis geworfen.
25 Es entstand nun ein Streit zwischen den Jüngern des
26 Johannes mit Juden um die Reinigung. Und sie kamen zu
Johannes und sagten zu ihm: „Rabbi, der bei dir war drü-
ben am andern Jordanufer, für den du Zeugnis abgelegt
27 hast, sieh: der tauft, und alle kommen zu ihm!“ Johannes
antwortete und sagte: „Nichts kann ein Mensch empfangen,
gar nichts, wenn es ihm nicht aus dem Himmel gegeben ist.
28 Ihr selbst bestätigt es mir ja, daß ich gesagt habe: Ich bin
nicht der Christus, sondern gesandt bin ich vor ihm her.
29 Wer die Braut hat, ist der Bräutigam. Der Freund des Bräu-
tigams aber, der dabeisteht und ihn hört, ist voller Freude
über die Stimme des Bräutigams: Diese meine Freude ist
30 nun erfüllt! Er muß zunehmen, ich aber abnehmen.
31 Wer von droben kommt, ist über allen. Wer von der
Erde ist, ist von der Erde und redet von der Erde: Der aus
32 dem Himmel kommt, ist über allen. Was er gesehen und ge-
hört hat, das bezeugt er, – und sein Zeugnis nimmt niemand
33 an. Wer aber sein Zeugnis annimmt, hat damit besiegelt,
34 daß Gott wahrhaftig ist. Denn der, den Gott gesandt hat,
redet Gottes Worte; denn nicht nach Maß gibt er den Geist.
35 Der Vater liebt den Sohn, und alles hat er in seine Hand ge-
36 geben. Wer glaubt an den Sohn, hat ewiges Leben. Wer dem
Sohn nicht glaubt, wird ewiges Leben nicht sehen, sondern
Gottes Zorn bleibt auf ihm.“

(4, 1-45) **Der Heiland der Welt.**

4 1 Wie nun Jesus erfuhr, daß die Pharisäer gehört hat-
ten: ‚Jesus macht mehr Jünger und tauft sie als Johannes!‘ –
2 allerdings taufte Jesus nicht selbst, sondern seine Jünger –,
3 da verließ er Judäa und ging fort, wieder nach Galiläa.
4.5 Er mußte aber durch Samaria ziehen. Und da kommt
er in eine Stadt in Samarien, die heißt Sychar, nahe dem
Grundstück, das Jakob seinem Sohn Josef geschenkt hatte.
6 Dort war die Jakobsquelle. Jesus nun, müde von der Wan-
derung, setzte sich an der Quelle nieder. Es war um die
sechste Stunde.
7 Da kommt eine Frau aus Samaria, um Wasser zu
8 schöpfen. Sagt Jesus zu ihr: „Gib mir zu trinken!“ Seine Jün-
ger nämlich waren weggegangen in die Stadt, um Nahrung
9 zu kaufen. Da sagt die Frau, die Samariterin: „Wie kannst
du, ein Jude, von mir zu trinken bitten, einer samaritischen
Frau?“ Die Juden verkehren nämlich nicht mit den Samari-
10 tern. Jesus antwortete und sagte zu ihr: „Wenn du wüßtest
die Gabe Gottes und wer es ist, der zu dir sagt: Gib mir zu
trinken, du würdest ihn bitten, und er würde dir lebendiges
11 Wasser geben.“ Sagt sie zu ihm: „Du hast keine Schöpfkelle,
und der Brunnen hier ist tief! Woher willst du das lebendige
12 Wasser bekommen? Bist du denn größer als unser Vater
Jakob, der uns diesen Brunnen gegeben hat; und er selbst
hat daraus getrunken, und seine Söhne und sein Vieh.“
13 Jesus antwortete und sagte zu ihr: „Jeder, der von diesem
14 Wasser trinkt, wird wieder dürsten. Wer aber trinkt von
dem Wasser, das ich ihm geben werde, nie wird ihn dür-
sten, in Ewigkeit nicht; sondern das Wasser, das ich ihm ge-
be, wird in ihm werden zu einer Wasserquelle, sprudelnd
15 ins ewige Leben.“ Die Frau sagt zu ihm: „Herr, dieses Was-
ser gib mir zu trinken, damit ich nicht mehr dürste und
nicht mehr hierher kommen muß, um zu schöpfen!“ Sagt er 16
zu ihr: „Geh, ruf deinen Mann und komm hierher zurück!“
Die Frau antwortete und sagte zu ihm: „Ich habe keinen 17
Mann.“ Sagt Jesus zu ihr: „Mit Recht hast du gesagt: Ich
habe keinen Mann! Denn fünf Männer hast du gehabt, und 18
der, den du hast, ist nicht dein Mann; damit hast du die
Wahrheit gesagt.“ Sagt die Frau zu ihm: „Herr, ich sehe, du 19
bist ein Prophet! Unsere Väter haben auf diesem Berg ange- 20
betet; und ihr sagt, daß in Jerusalem die Stätte sei, wo man
anzubeten hat.“ Jesus sagt zu ihr: „Glaube mir, Frau: Es 21
kommt die Stunde, da ihr weder auf diesem Berge noch in
Jerusalem zum Vater beten werdet. Ihr betet an, was ihr 22
nicht kennt – wir beten an, was wir kennen; denn das Heil
kommt von den Juden. Doch es kommt die Stunde und ist 23
schon jetzt, da die wahren Anbeter zum Vater beten werden
im Geist und in der Wahrheit. Und solche sind es, die der
Vater als Beter sucht. Gott ist Geist; und die ihn anbeten, 24
müssen im Geist und in der Wahrheit zu ihm beten.“ Sagt 25
die Frau zu ihm: „Ich weiß, der Messias wird kommen, der
Christus, wie er heißt: Wenn der kommt, wird er uns alles
verkündigen.“ Sagt Jesus zu ihr: „ICH BIN es, der mit dir 26
spricht!“
Darüber kamen seine Jünger zurück und wunderten 27
sich, daß er mit einer Frau sprach. Keiner jedoch sagte zu
ihm: „Was suchst du?“ oder: „Was sprichst du mit ihr?“ Da 28
ließ die Frau ihren Krug stehen, ging in die Stadt und sagt zu
den Leuten: „Kommt her und seht den Menschen an, der 29
mir alles gesagt hat, was ich getan habe: Ob der wohl der
Christus ist?“ Und sie kamen heraus aus der Stadt und 30
kamen zu ihm.
Währenddessen forderten die Jünger ihn auf: „Rabbi, 31
iß!“ Er aber sagte zu ihnen: „Ich habe Speise zu essen, die 32
ihr nicht kennt!“ Da sagten die Jünger zueinander: „Hat 33
ihm jemand zu essen gebracht?“ Sagt Jesus zu ihnen: 34
„Meine Speise ist, daß ich tue den Willen dessen, der mich
gesandt hat und führe sein Werk aus. Sagt ihr nicht: ‚Drei 35
Monate noch, dann kommt die Ernte‘? Siehe, ich sage euch:
Hebt empor eure Augen und seht die Felder – schon jetzt
sind sie weiß zur Ernte! Der Schnitter empfängt seinen 36
Lohn und sammelt die Früchte ein zum ewigen Leben, da-
mit beide zugleich sich freuen, der Sämann und der Schnit-
ter. Darin ist das Wort wahr: Ein anderer ist es, der sät, und 37
ein anderer, der erntet. Ich habe euch gesandt zu ernten, 38
wofür ihr nicht gearbeitet habt. Andere haben gearbeitet,
und ihr seid in ihre Arbeit eingetreten.“
Aus jener Stadt aber kamen viele von den Samaritern 39
zum Glauben an ihn auf das Zeugnis der Frau hin, die ge-
sagt hatte: ‚Er hat mir alles gesagt, was ich getan habe‘. Als 40
nun die Samariter zu ihm kamen, baten sie ihn, bei ihnen
zu bleiben. Und er blieb dort zwei Tage. Und viel mehr 41
glaubten sie auf sein Wort hin und sagten zu der Frau: „Jetzt 42
glauben wir nicht mehr auf deine Rede hin, denn wir haben
selbst gehört und wissen: Dieser Mann ist wahrhaftig der
Heiland der Welt!“
Nach zwei Tagen aber zog er von dort weg nach Gali- 43
läa hinein. Er selbst nämlich, Jesus, bezeugte es, daß ein 44
Prophet in seiner eigenen Vaterstadt keine Ehre hat. Als er 45
nun nach Galiläa hineinkam, nahmen ihn die Galiläer auf,
weil sie alles gehört hatten, was er in Jerusalem getan hatte
auf dem Fest; denn sie waren auch zum Fest gekommen.

Zu 5, 24-29

Wovon Jesu Wort redet, ist Gottes wunderbare, unendliche Liebe. Sie hat den Willen, die, die sie liebt, die ohne sie Verlorenen, zu retten und zu heilen; und sie hat die Macht, diesen Willen gegen alle ihr widerstreitenden Mächte durchzusetzen – allein mit den Mitteln und Wegen, die ihr selbst eigen sind. Das ist der Kern der Botschaft Jesu, zu der er sich von Gott gesandt weiß und deren Wahrheit sich in seinem eigenen Geschick verwirklichen soll. Gottes Liebe siegt, indem sie sich selbst hingibt, sich mitteilt und schenkt. Sie ist das abgründige Geheimnis wahren Lebens, das auch den Tod überwindet. Dieses Geheimnis erschließt sich dem Glauben an Jesus, weil Jesus selbst die Liebe ist, zu deren Boten Gott seinen Sohn gemacht hat. Wem Jesus sich mitteilt, der hat am Leben teil, das vom Tod nicht mehr bedroht ist. Die Verbindung mit Jesus jetzt und hier im Glauben an sein Wort und die Verbindung mit Gott in der zukünftigen Vollendung nach dem letzten Gericht fallen in eins zusammen, weil Gottes Liebe und ihr ewiger Sieg in Jesus selbst zusammenfallen. Auferweckung aus dem Tod wird schon zu gegenwärtiger Erfahrung für den, dem Jesu Wort zu Herzen geht: „Sieh, du bist heil geworden: Sündige hinfort nicht mehr!"

(4, 46-54) **Dein Sohn lebt!**

46 So kam er wieder nach Kana in Galiläa, wo er das
Wasser zu Wein gemacht hatte. Und es war einer vom Kö-
47 nigshaus; dessen Sohn war krank in Kafarnaum. Der hörte,
daß Jesus von Judäa nach Galiläa gekommen war. Er kam
heraus zu ihm und bat ihn, hinabzugehen und seinen Sohn
48 zu heilen; denn er war nah am Sterben. Da sagte Jesus zu
ihm: „Wenn ihr nicht Zeichen und Wunder seht, kommt ihr
49 nicht zum Glauben!“ Sagt der Königliche: „Herr, geh hinab,
50 bevor mein Kind stirbt!“ Sagt Jesus zu ihm: „Geh! Dein Sohn
lebt!“ Da glaubte der Mensch dem Wort, das Jesus ihm gesagt
51 hatte, und ging. Schon aber als er hinabkam, liefen seine
52 Knechte ihm entgegen und sagten: „Dein Kind lebt!“ Da er-
kundigte er sich bei ihnen nach der Stunde, in der es besser
mit ihm geworden war; und sie sagten ihm: „Gestern zur
53 siebten Stunde hat das Fieber ihn verlassen.“ Da erkannte
der Vater, daß es in jener Stunde war, da Jesus zu ihm gesagt
hatte: „Dein Sohn lebt.“ Und er kam zum Glauben, er und
54 sein ganzes Haus. Dies wiederum war das zweite Zeichen,
das Jesus getan hat, als er von Judäa nach Galiläa kam.

(5, 1-47) **Der Sohn macht lebendig, welche er will.**

5 1 Danach war das Fest der Juden; und Jesus ging
2 hinab nach Jerusalem. Es ist da aber in Jerusalem beim
Schafstor ein Teich, der auf hebräisch Bethesda heißt. Fünf
3 Säulenhallen hat er. Darin lagen dicht gedrängt die Kran-
4 ken, Blinden, Lahmen, Ausgetrockneten.
5 Nun war dort ein Mensch, achtunddreißig Jahre
6 hatte er mit seiner Krankheit zugebracht. Jesus sah ihn lie-
gen, erkannte, daß er schon lange Zeit krank war und sagt
7 zu ihm: „Willst du gesund werden?“ Der Kranke antworte-
te: „Herr, ich habe keinen Menschen, der mich, wenn das
Wasser in Wallung kommt, in den See hinabließe. Immer
wenn ich ankomme, geht schon ein anderer vor mir hin-
8 ein.“ Sagt Jesus zu ihm: „Steh auf, nimm deine Matte und
9 geh!“ Und sofort wurde der Mensch gesund und nahm seine
Matte und ging davon.
10 Es war aber Sabbat an jenem Tag. Da sagten die
Juden zu dem Geheilten: „Sabbat ist es, da ist es dir nicht er-
11 laubt, deine Matte zu tragen!“ Er aber antwortete ihnen:
„Der mich gesund gemacht hat, der hat mir gesagt: Nimm
12 deine Matte und geh!“ Sie fragten ihn: „Wer ist das, der dir
13 gesagt hat: Nimm und geh?“ Der Geheilte aber wußte nicht,
wer es ist: denn Jesus hatte sich unter der Menge, die an
dem Ort war, entfernt.
14 Danach findet Jesus ihn im Tempel und sagte zu ihm:
„Sieh, du bist gesund geworden: Sündige nicht mehr, damit
15 dir nichts Ärgeres zustößt.“ Der Mensch ging davon und
meldete den Juden, daß es Jesus sei, der ihn gesund ge-
16 macht habe. Und deswegen verfolgten die Juden Jesus, weil
er dies am Sabbat getan hatte.
17 Jesus aber antwortete ihnen: „Mein Vater wirkt bis
18 heute, und auch ich wirke.“ Deswegen suchten die Juden
ihn um so mehr zu töten, weil er nicht nur den Sabbat aufge-
löst, sondern Gott seinen Vater genannt und sich Gott gleich
19 gemacht hatte. Da antwortete Jesus und sprach zu ihnen:
„Amen, amen, ich sage euch: Es kann der Sohn von sich aus
nichts tun, wenn er es nicht den Vater tun sieht. Denn was
jener tut, tut in gleicher Weise auch der Sohn. Denn der 20
Vater hat den Sohn lieb und zeigt ihm alles, was er tut; und
noch größere Werke wird er ihm zeigen, damit ihr staunt.
Wie nämlich der Vater die Toten auferweckt und lebendig 21
macht, so macht auch der Sohn lebendig, welche er will.
Denn der Vater richtet niemanden, sondern alles Gericht 22
hat er dem Sohn gegeben, damit alle den Sohn ehren, wie 23
sie den Vater ehren. Wer den Sohn nicht ehrt, ehrt den Vater
nicht, der ihn gesandt hat.
Amen, amen, ich sage euch: Wer mein Wort hört und 24
glaubt dem, der mich gesandt hat, hat ewiges Leben und
kommt nicht ins Gericht, sondern ist schon hinüberge-
schritten aus dem Tode ins Leben. Amen, amen, ich sage 25
euch: Es kommt die Stunde und ist schon jetzt, da die Toten
die Stimme des Sohnes Gottes hören werden, und die sie ge-
hört haben, werden leben. Wie nämlich der Vater Leben hat 26
in sich selbst, so hat er auch dem Sohn gegeben, Leben zu
haben in sich selbst. Und Vollmacht hat er ihm gegeben, Ge- 27
richt zu halten, weil er der Menschensohn ist. Wundert 28
euch nicht darüber: Es kommt die Stunde, da alle, die in den
Gräbern sind, seine Stimme hören werden; und heraus- 29
kommen werden, die Gutes getan haben, in die Auferste-
hung zum Leben; die aber Böses getan haben, in die Aufer-
stehung zum Gericht.
Nichts kann ich tun von mir aus. Wie ich höre, richte 30
ich, und mein Gericht ist gerecht, weil ich nicht meinen Wil-
len zu tun suche, sondern den Willen dessen, der mich ge-
sandt hat. Wenn ich als Zeuge aussage über mich selbst, ist 31
mein Zeugnis nicht wahr. Ein anderer ist es, der als Zeuge 32
aussagt über mich; und ich weiß, daß sein Zeugnis wahr ist,
das er aussagt über mich.
Ihr habt hingeschickt zu Johannes, und er hat sein 33
Zeugnis gegeben für die Wahrheit. Ich aber nehme nicht 34
das Zeugnis von einem Menschen in Anspruch, sondern ich
sage dies, damit ihr gerettet werdet. Jener war der Leuch- 35
ter, der brennt und scheint, – ihr aber wolltet eine Weile
fröhlich sein in seinem Licht. Ich aber habe ein Zeugnis, 36
größer als das des Johannes: meine Werke nämlich, die mir
der Vater gegeben hat zu vollführen; sie selbst, die Werke,
die ich tue, bezeugen, daß der Vater mich gesandt hat. Und 37
der Vater, der mich gesandt hat, er ist es, dessen Zeugnis
über mich feststeht. Weder seine Stimme habt ihr je gehört,
noch seine Gestalt je gesehen. Und sein Wort habt ihr nicht 38
in euch, so daß es bleibt, weil ihr dem nicht glaubt, den
jener gesandt hat. Durchforscht die Schriften, weil ihr 39
meint, in ihnen das Leben zu haben – und jene sind es, die
Zeugnis geben über mich! Doch ihr wollt nicht zu mir kom- 40
men, daß ihr Leben hättet!
Ehre von Menschen nehme ich nicht an, aber von 41.42
euch habe ich erkannt, daß ihr Gottes Liebe nicht in euch
habt. Ich bin gekommen im Namen meines Vaters; und ihr 43
nehmt mich nicht an. Wenn ein anderer kommt in seinem
eigenen Namen, den werdet ihr annehmen! Wie könnt ihr 44
zum Glauben kommen, die ihr Ehre voneinander annehmt,
und die Ehre, die allein von Gott kommt, nicht sucht? Meint 45
nicht, daß ich euer Ankläger sein werde beim Vater, – ihr
habt euren Ankläger: Mose, auf den ihr eure Hoffnung ge-
setzt habt. Würdet ihr nämlich Mose glauben, so würdet ihr 46
auch mir glauben; denn über mich hat jener geschrieben.
Wenn ihr seinen Schriften nicht glaubt, wie werdet ihr 47
meinen Worten glauben?“

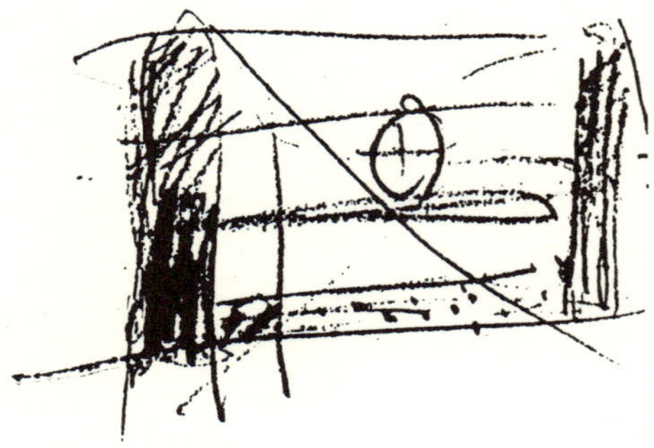

Zu 6, 14-15

Wer dem Volk „Brot und Spiele" bringt, den machen die Menschen gern zu ihrem König – nicht nur im Altertum, sondern ebenso heute. Das Brot, das Jesus den Seinen gibt, und die Abendmahlsfeier, in der er als der „König der Wahrheit" (18, 36-38) in ihrer Mitte gepriesen wird, sind anderer Art. Christus versorgt nicht, um Unruhe zu vermeiden und um so sicherer über die Menschen herrschen zu können. Er teilt sich selbst mit in dem Brot, das er uns gibt; und er ist in unserer Mitte als „Diener aller" (Lukas 22, 27; Johannes 13, 1-17). Er herrscht in Gottes Liebe, und die Eucharistie, der Dank und Lobpreis, mit dem die Seinen ihn als ihren Herrn ehren, ist die Stimme der Liebe zu ihm, der uns – im tiefsten Sinne – das Leben schenkt.

Zu 6, 52-58

Nichts erscheint, von außen gesehen, widersinniger, empörender am Christentum als das Abendmahl: „Da essen Gläubige ihren göttlichen Herrn buchstäblich auf!" – Die Empörung hat ihre geheime Wurzel darin, daß eben dies im Verhältnis der Menschen und der Völker zueinander ja ständig geschieht: „Der Mensch ist des Menschen Wolf", ist der Ausgangssatz der Politiklehre des Thomas Hobbes.

In der Tat gibt sich Christus uns im Abendmahl als der, der sich am Kreuz für uns hat umbringen lassen. Und wer an ihn glaubt, ist sich dessen bewußt, selbst daran teilzuhaben: „Ich hab' es selbst verschuldet, was du gelitten hast" (Paul Gerhardt). Aber es ist Gottes Liebe zu uns, die im Kreuzestod Jesu ihre äußerste und letzte Tat vollbracht hat. Sie macht uns frei von aller Schuld, indem sie sich uns hingibt, leibhaftig in den Tod; und in ihrer Hingabe wirkt sich ihre Macht aus, mit der sie alle Mächte des Bösen überwunden hat. Der lebendige Christus ist es, der auferstandene Gekreuzigte, der sich uns im Mahl schenkt. Und es ist seine vertraute Nähe mit Gott, in die er uns beim Mahl einbezieht: Wie der Sohn im Vater und der Vater im Sohn ist, so sind wir in Christus und Christus in uns. Indem wir das Brot essen, das sein Leib ist, durchströmt uns sein Leben; und indem wir den Wein trinken, der sein Blut ist, wirkt die Kraft seiner Liebe in uns hinein.

Essen und Trinken sind elementare Lebensvorgänge: ohne Nahrung kann man nicht am Leben bleiben. Ungleich tiefer gilt das Gleiche für das sakramentale Essen und Trinken. Wer an Christus glaubt, kann ohne ihn, ohne seine Gegenwart im Mahl, nicht leben.

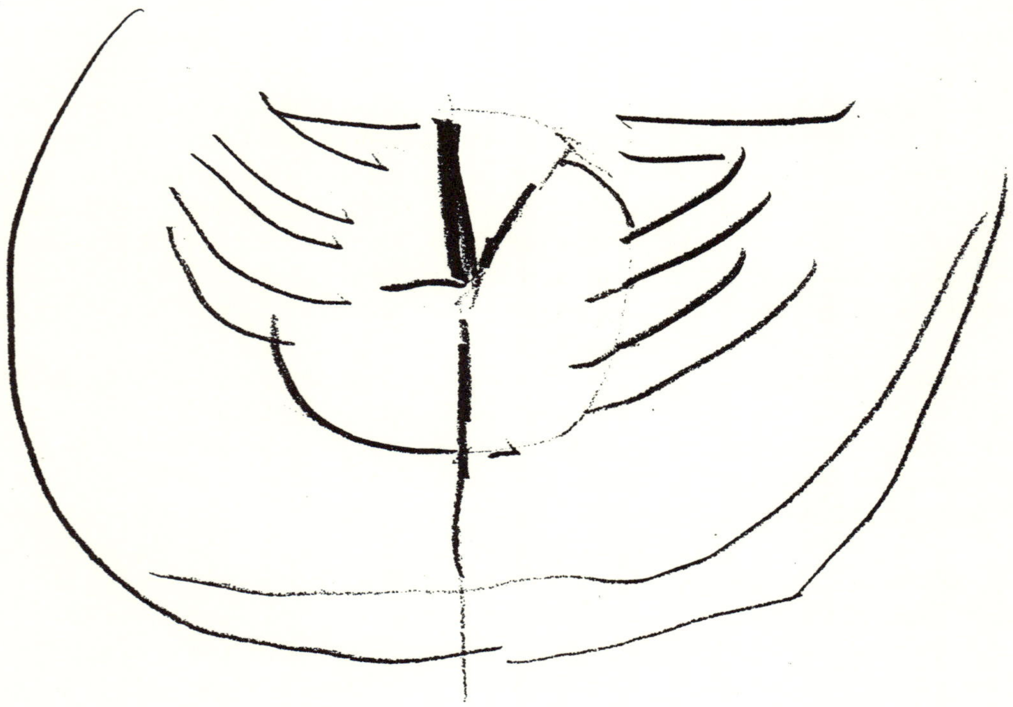

(6, 1-71) **Ich bin das Brot des Lebens.**

6

1 Danach ging Jesus weg in die Gegend jenseits des
2 galiläischen Sees von Tiberias; und eine große Menschen-
menge folgte ihm, weil sie die Zeichen sahen, die er an den
3 Kranken tat. Jesus aber stieg hinauf auf den Berg und setzte
4 sich dort mit seinen Jüngern. Es war aber nah das Passafest
der Juden.
5 Wie nun Jesus seine Augen aufhob und sah, wie eine
große Menschenmenge zu ihm kommt, sagt er zu Philippus:
„Wo sollen wir Brot kaufen, damit diese Leute zu essen
6 haben?" Das sagte er, um ihn auf die Probe zu stellen, er
7 selbst wußte ja, was er zu tun gedachte. Philippus antworte-
te: „Nicht einmal Brot für zweihundert Denare würde rei-
8 chen, daß jeder auch nur ein kleines Stück bekäme!" Sagt
einer von seinen Jüngern zu ihm, Andreas, der Bruder des
9 Simon Petrus: „Hier ist ein Kind, das hat fünf Brote und
10 zwei Fische, – aber was ist das für so viele?" Jesus sagte:
„Laßt die Menschen sich setzen!" Es war reichlich Gras an
11 der Stelle; so setzten sie sich, an die fünftausend Mann. Da
nahm Jesus die Brote, sprach den Dank und verteilte sie an
die Sitzenden und ebenso von den Fischen, so viel sie woll-
12 ten. Als sie satt waren, sagt er zu seinen Jüngern: „Sammelt
13 die übriggebliebenen Brotreste, damit nichts verdirbt!" So
sammelten sie sie zusammen und füllten zwölf Körbe mit
Brotresten von den fünf Gerstenbroten, die beim Essen
übriggeblieben waren.
14 Wie nun die Menschen sahen, was für ein Zeichen er
getan hatte, sagten sie: „Dieser Mann ist wirklich der Pro-
15 phet, der in die Welt kommen soll!" Weil nun Jesus erkann-
te, daß sie kommen und ihn entführen würden, um ihn zum
König zu machen, zog er sich wieder auf den Berg zurück,
er allein.
16 Als es Abend wurde, gingen seine Jünger hinab zum
17 See, stiegen in ein Boot und fuhren zum anderen Ufer nach
Kafarnaum. Und es war schon dunkel geworden, und noch
18 nicht war Jesus zu ihnen gekommen. Und das Meer war bei
19 stark wehendem Wind aufgewühlt. Wie sie nun etwa fünf-
undzwanzig oder dreißig Stadien gefahren waren, sahen
sie Jesus auf dem Wasser schreiten, nahe auf das Boot zu;
20 und sie erschraken. Er aber sagte zu ihnen: „ICH BIN es,
21 fürchtet euch nicht!" Da wollten sie ihn ins Boot nehmen,
doch auf einmal war das Boot an Land, da wo sie hinfahren
wollten.
22 Anderntags sah die Menschenmenge, die am andern
Seeufer stand, daß dort kein anderes Boot war außer dem
einen und daß Jesus das Boot nicht zusammen mit seinen
Jüngern bestiegen hatte, sondern seine Jünger allein abge-
23 fahren waren. Es kamen aber andere Boote von Tiberias
her in die Nähe der Stelle, an der sie das Brot gegessen hat-
24 ten, nachdem der Herr den Dank gesprochen hatte. Als nun
die Menge sah, daß Jesus nicht mehr da war und auch nicht
seine Jünger, stiegen sie in die Boote und kamen nach
Kafarnaum, um Jesus dort zu suchen.
25 Als sie ihn fanden am andern Ufer, sagten sie zu ihm:
26 „Rabbi, wann bist du hierhergekommen?" Jesus antwortete
ihnen und sagte: „Amen, amen, ich sage euch: Ihr sucht
mich nicht, weil ihr Zeichen gesehen habt, sondern weil ihr
27 gegessen habt von den Broten und satt geworden seid! Er-
wirkt euch nicht Speise, die vergänglich ist, sondern Speise,
die bleibt zum ewigen Leben, die der Menschensohn euch
geben wird: Den nämlich hat der Vater bevollmächtigt, Gott
selbst!" Da sagten sie zu ihm: „Was sollen wir tun, um 28
Gottes Werke zu wirken?" Jesus antwortete und sagte zu 29
ihnen: „Dies ist das Werk Gottes: daß ihr glaubt an den, den
er gesandt hat!" Da sagten sie zu ihm: „Was tust denn du für 30
ein Zeichen, damit wir sehen und dir glauben? Was be-
wirkst du? Unsere Väter haben das Manna gegessen in der 31
Wüste, wie geschrieben steht: ‚Brot vom Himmel gab er
ihnen zu essen.'" Jesus sagte zu ihnen: „Amen, amen, ich 32
sage euch: Nicht Mose hat euch das Brot vom Himmel gege-
ben, sondern mein Vater gibt euch das Brot vom Himmel,
das wahrhaftige. Das Brot Gottes nämlich ist der, der vom 33
Himmel herabgekommen ist und der Welt Leben gibt." Da 34
sagten sie zu ihm: „Herr, allezeit gib uns dieses Brot!" Jesus 35
sagte zu ihnen: „ICH BIN das Brot des Lebens: Wer zu mir
kommt, wird nie hungern; und wer an mich glaubt, wird
niemals dürsten.
Aber ich habe euch gesagt: Ihr habt mich gesehen – 36
und glaubt nicht! Wen immer der Vater mir gegeben hat, 37
der wird zu mir kommen; und wer zu mir kommt, den wer-
de ich nicht ausstoßen nach draußen. Denn ich bin vom 38
Himmel herabgekommen, nicht um meinen eigenen Willen
zu tun, sondern den Willen dessen, der mich gesandt hat:
Dies aber ist der Wille dessen, der mich gesandt hat: daß 39
ich, wen immer er mir gegeben hat, keinen von ihnen ver-
lorengehen lasse, sondern ihn auferwecke am letzten Tage.
Dies nämlich ist der Wille meines Vaters: daß jeder, der den 40
Sohn sieht und glaubt an ihn, ewiges Leben hat; und ich
werde ihn auferwecken am letzten Tag."
Da empörten sich die Juden über ihn, daß er gesagt 41
hatte: Ich bin das Brot, das vom Himmel herabgekommen
ist, und sagten: „Ist dies nicht Jesus, der Sohn Josefs, des- 42
sen Vater und Mutter wir kennen? Wie kann er da sagen:
‚Vom Himmel bin ich herabgekommen'?" Jesus antwortete 43
und sagte zu ihnen: „Empört euch nicht untereinander! Nie- 44
mand kann zu mir kommen, wenn nicht der Vater, der mich
gesandt hat, ihn zu mir zieht; und ich werde ihn auferwek-
ken am letzten Tage. Steht doch geschrieben bei den Pro- 45
pheten: ‚Und alle werden Gottesgelehrte sein': Jeder, der
vom Vater gehört und gelernt hat, kommt zu mir. Nicht daß 46
einer den Vater gesehen hätte außer dem, der vom Vater ist,
der allein ist es, der den Vater gesehen hat! Amen, amen, 47
ich sage euch: Wer glaubt, hat ewiges Leben!
ICH BIN das Brot des Lebens. Eure Väter haben das 48.49
Manna in der Wüste gegessen und sind gestorben: Dies ist 50
das Brot, das vom Himmel herabkommt – wer von ihm ißt,
der soll nicht sterben. ICH BIN das lebendige Brot, das vom 51
Himmel herabgekommen ist. Wenn jemand von diesem
Brot ißt, wird er leben in Ewigkeit, und das Brot, das ich ihm
geben werde, ist mein Fleisch für das Leben der Welt."
Da stritten die Juden miteinander und sagten: „Wie 52
kann dieser Mann uns sein Fleisch zu essen geben!" Jesus 53
sagte zu ihnen: „Amen, amen, ich sage euch: Wenn ihr nicht
eßt das Fleisch des Menschensohnes und trinkt sein Blut,
habt ihr nicht Leben in euch. Wer mein Fleisch ißt und 54
trinkt mein Blut, hat ewiges Leben, und ich werde ihn auf-
erwecken am letzten Tag. Denn mein Fleisch ist die wahre 55
Speise und mein Blut der wahre Trank. Wer mein Fleisch ißt 56
und trinkt mein Blut, bleibt in mir und ich in ihm. Wie mich 57
der lebendige Vater gesandt hat, und ich lebe durch den
Vater, so wird auch der, der mich ißt, leben durch mich.

Zu 7, 37-38

Durst nach wahrem, lebenswertem Leben ist in jedem Menschen. Jesus stillt diesen Durst aber auf eine andere Weise, als viele es erwarten und begehren. Nicht so, daß unsere Wünsche und Interessen für uns selbst gestillt werden, sondern immer so, daß das „Wasser des Lebens" in mir zugleich zur Quelle wird für andere. Gottes Geist kann man nie besitzen und zur Selbstverwirklichung nutzen. Er ist ein Geist der Liebe.

58 Dies ist das Brot, das vom Himmel herabgekommen ist, –
nicht wie eure Väter gegessen haben und gestorben sind:
Wer dieses Brot ißt, wird leben in Ewigkeit."
59 Das sagte er lehrend in der Synagoge in Kafarnaum.
60 Viele, die es hörten von seinen Jüngern, sagten: „Hart ist
61 seine Rede, wer kann ihn hören?" Jesus aber wußte bei sich
selbst, daß seine Jünger sich darüber empörten, und sagte
62 zu ihnen: „Dies ärgert euch? Wenn ihr nun aber den Men-
63 schensohn hinaufgehen seht, wo er zuvor war –? Der Geist
ist es, der Leben schafft; das Fleisch nützt nichts. Die Worte,
64 die ich euch gesagt habe, sind Geist und sind Leben. Aber es
sind einige unter euch, die nicht glauben!" Von Anfang an
nämlich wußte Jesus, welche es sind, die nicht glauben,
65 und wer es ist, der ihn verraten werde. Und er sagte:
„Darum habe ich euch gesagt, daß niemand zu mir kommen
kann, wenn es ihm nicht gegeben ist vom Vater."
66 Von da an gingen viele seiner Jünger fort und gingen
67 nicht mehr mit ihm. Da sagte Jesus zu den Zwölf: „Wollt
68 auch ihr weggehen?" Antwortete ihm Simon Petrus: „Herr,
zu wem sollen wir weggehen? Worte ewigen Lebens hast
69 du! Und wir haben geglaubt und erkannt: Du bist der Hei-
70 lige Gottes." Jesus antwortete ihnen: „Habe ich nicht euch
71 erwählt, die Zwölf? Und einer von euch ist ein Teufel!" Er
sagte es von Judas, Simons Sohn, aus Iskariot; der nämlich
sollte ihn verraten, einer von den Zwölf.

(7, 1-53)

Noch niemals hat ein Mensch so geredet!

7

1 Danach wanderte Jesus in Galiläa umher. Er wollte
nämlich nicht in Judäa umherziehen, weil die Judäer ihn zu
töten suchten.
2 Es war aber nahe das Fest der Juden: Laubhütten.
3 Da sagten seine Brüder zu ihm: „Mach dich auf und geh
nach Judäa, damit auch deine Jünger deine Werke sehen,
4 die du tust! Denn niemand tut etwas im Verborgenen und
sucht selbst die Öffentlichkeit. Wenn du diese Werke tust, of-
5 fenbare dich der Welt." Nicht einmal seine Brüder nämlich
6 glaubten an ihn. Sagt nun Jesus zu ihnen: „Meine Zeit ist
7 noch nicht da; eure Zeit aber ist immer da. Euch kann die
Welt nicht hassen; mich aber haßt sie, weil ich Zeuge dafür
8 bin, daß ihre Werke böse sind. Geht ihr hinauf zum Fest! Ich
gehe nicht hinauf zu diesem Fest; denn meine Zeit ist noch
nicht erfüllt."
9.10 Nachdem er das gesagt hatte, blieb er in Galiläa. Wie
aber seine Jünger hinaufgegangen waren zum Fest, da ging
11 auch er, nicht öffentlich, sondern insgeheim. Die Juden nun
suchten ihn in der Festmenge und sagten: „Wo ist dieser
12 Mann?" Und vielfaches Gerede um ihn war in der Menge.
Die einen sagten: „Er ist gut.", andere dagegen sagten:
13 „Nein! Sondern er verführt das Volk!" Niemand allerdings
redete öffentlich von ihm; aus Furcht vor den Juden.
14 Als das Fest schon seine Mitte erreicht hatte, stieg
15 Jesus hinauf zum Tempel und lehrte. Da staunten die Juden
und sagten: „Wie weiß dieser Mann die Schriften, ohne stu-
16 diert zu haben?" Jesus antwortete ihnen und sagte: „Meine
Lehre ist nicht meine, sondern dessen, der mich gesandt
17 hat. Wenn einer seinen Willen tun will, wird er von meiner
Lehre wissen, ob sie von Gott ist, oder ob ich von mir aus
18 rede. Wer von sich aus redet, sucht seine eigene Ehre. Wer
aber die Ehre dessen sucht, der ihn gesandt hat, der ist
wahrhaftig und Unrecht ist nicht in ihm. Hat nicht Mose 19
euch das Gesetz gegeben? Und keiner von euch tut das Ge-
setz! Was sucht ihr mich zu töten?" Das Volk antwortete: 20
„Du hast einen Dämon! Wer sucht dich zu töten?" Jesus ant- 21
wortete und sagte zu ihnen: „Ein Werk habe ich getan, und
alle staunt ihr. Darum: Mose hat euch die Beschneidung ge- 22
geben – sie stammt ja aber nicht von Mose, sondern von den
Vätern – und am Sabbat beschneidet ihr einen Menschen.
Wenn ein Mensch am Sabbat die Beschneidung empfängt, 23
damit das Mosegesetz nicht aufgelöst wird, grollt ihr mir,
daß ich am Sabbat einen Menschen ganz und gar gesund
gemacht habe? Richtet nicht nach dem Augenschein, son- 24
dern fällt ein gerechtes Urteil!"
Da sagten einige von den Jerusalemern: „Ist das 25
nicht der Mann, den sie zu töten suchen? Und siehe, er 26
redet öffentlich und nichts sagen sie zu ihm! Sollten die
Herrschenden etwa wahrhaftig erkannt haben, daß dieser
der Christus ist? Aber von dem da wissen wir, woher er 27
stammt! Der Christus jedoch, wenn er kommt, – von dem
wird niemand wissen, woher er stammt!" Da schrie Jesus 28
bei seiner Lehre im Tempel und sagte: „Ja, mich kennt ihr
und wißt, woher ich stamme! Und von mir selbst bin ich
nicht gekommen, sondern es ist wahrhaftig der, der mich
gesandt hat, – den ihr nicht kennt! Ich kenne ihn, weil ich 29
von ihm stamme und er mich gesandt hat." Da suchten sie 30
ihn zu greifen, doch niemand legte Hand an ihn. Denn seine
Stunde war noch nicht gekommen.
Aus dem Volk aber glaubten viele an ihn und sagten: 31
„Der Christus, wenn er kommt, wird der etwa mehr Zeichen
tun, als dieser getan hat?" Es hörten die Pharisäer das Volk 32
solches über ihn reden. Da sandten die Hohenpriester und
die Pharisäer Diener, um ihn festzunehmen.
Jesus sagte: „Nur noch kurze Zeit bin ich bei euch 33
und gehe dann zu dem, der mich gesandt hat. Ihr werdet 34
mich suchen und mich nicht finden; und wo ich bin, werdet
ihr nicht hinkommen können." Da sagten die Juden zuein- 35
ander: „Wo will er hinziehen, daß wir ihn nicht finden sol-
len? Will er etwa in die Diaspora der Griechen ziehen und
die Griechen lehren? Was ist dieses Wort, das er gesagt hat: 36
Ihr werdet mich suchen und mich nicht finden; und wo ich
hingehe, werdet ihr nicht hinkommen können?"
Am letzten Tag, dem größten des Festes, stand Jesus 37
aufgerichtet und rief: „Wenn jemand dürstet, der komme zu
mir und trinke! Wer an mich glaubt, wie die Schrift sagt: 38
Ströme werden aus dessen Leib fließen von lebendigem
Wasser!" Das sagte er aber von dem Geist, den empfangen 39
sollten, die an ihn glauben. Denn noch war der Geist nicht
da, weil Jesus noch nicht verherrlicht worden war.
Aus der Volksmenge hörten einige diese Worte und 40
sagten: „Dieser Mann ist wahrhaftig der Prophet!" Andere 41
sagten: „Er ist der Christus!" Andere dagegen sagten: „Aus
Galiläa kommt doch der Christus nicht! Sagt doch die 42
Schrift, daß der Christus aus Bethlehem kommt, dem Dorf,
wo David war!" So kam es zu Spaltungen seinetwegen im 43
Volk. Einige von ihnen aber wollten ihn greifen, aber nie- 44
mand legte Hand an ihn.
Da kamen die Diener zu den Hohenpriestern und 45
Pharisäern zurück; und die sagten zu ihnen: „Warum habt
ihr ihn nicht hergebracht?" Die Diener antworteten: „Noch 46
niemals hat ein Mensch so geredet!" Die Pharisäer antwor- 47
teten: „Habt auch ihr euch verführen lassen? Ist etwa einer 48

Zu 8, 12

Strahlendes Licht ist zu allen Zeiten und auch in verschiedenen Religionen das Medium mystischer Erkenntnis, ja oft der einzige Inhalt solcher wunderbaren inneren Widerfahrnisse. Jesus ist das Licht, wie Gott das Licht ist, mit dessen Aufstrahlen mitten in der Urfinsternis des Nichtseins die Schöpfung der Welt begonnen hat. So sehr sein Licht das Herz des einzelnen Glaubenden hell macht, so sehr ist es „das Licht der Welt". Es scheint für alle, nicht nur für mich. Und es erleuchtet unseren Weg, nicht nur unser Herz.

Zu 8, 31-36

Man „bleibt im Worte Jesu", indem man es in sein Leben hineinnimmt und es darauf ankommen läßt, daß dieses Wort bewirkt, was es uns zuspricht: uns frei macht vom ständigen Kreisen um uns selbst, frei von der tiefen Selbstsucht, die nicht nur die Mitlebenden behindert, sondern auch unsere eigene Seele beschädigt. Wer so mit dem Leben umgeht, verfängt und verfestigt sich immer mehr in den Widerspruch, daß ich, der leben will, mir selbst das Leben abschneide und dem Nächsten zum bloßen Konkurrenten werde statt zum Bruder. Jesu Wort will dieses Gefängnis sprengen, indem es uns die Wahrheit erkennen läßt, die diese ganze selbstverschuldete Unwahrheit aufhebt. So erweist sich Jesus an dem, der ihm vertraut, als Gottes Sohn: Er macht uns wirklich frei – frei für die Liebe, die die Wahrheit des Lebens ist, wie Gott es geschaffen hat.

von den Herrschenden gläubig geworden an ihn oder von
49 den Pharisäern? Aber dieses Volk, das das Gesetz nicht
50 kennt, – verflucht sind sie!“ Sagt Nikodemus zu ihnen, der
51 zuvor zu ihm gekommen war, einer von ihnen: „Verurteilt
denn unser Gesetz einen Menschen, wenn man ihn nicht
52 zuvor gehört und von ihm erfahren hat, was er tut?“ Sie
antworteten und sagten zu ihm: „Bist auch du einer aus
Galiläa? Forsche nach und sieh: Aus Galiläa ersteht kein
53 Prophet!“ Und sie gingen davon, jeder in sein Haus.

(8, 1-11) **Wer ohne Sünde ist, werfe als erster den Stein.**

8 1.2 Jesus aber ging zum Ölberg. Frühmorgens kam er
wieder in den Tempel, und alles Volk kam zu ihm, und er
3 setzte sich und lehrte sie. Da bringen die Schriftgelehrten
und die Pharisäer eine Frau zu ihm, die beim Ehebruch er-
tappt worden war, und stellen sie in die Mitte und sagen zu
4 ihm: „Meister, diese Frau hier ist auf frischer Tat ertappt
5 worden, beim Ehebruch! Im Gesetz aber hat Mose uns be-
6 fohlen, solche Frauen zu steinigen. Was sagst nun du?“ Das
sagten sie aber, um ihn auf die Probe zu stellen, um einen
Grund zu haben, ihn anzuklagen. Jesus aber bückte sich
nieder und schrieb mit dem Finger in den Sand.
7 Wie sie aber auf ihrer Frage beharrten, richtete er
sich auf und sagte zu ihnen: „Wer ohne Sünde ist von euch,
8 werfe als erster einen Stein auf sie!“ Und er bückte sich wie-
9 der nieder und schrieb in den Sand. Sie aber, als sie‘s ge-
hört hatten, gingen hinaus, einer nach dem anderen, ange-
fangen von den Ältesten, und er allein blieb zurück und die
10 Frau, die noch in der Mitte dastand. Jesus aber richtete sich
auf und sagte zu ihr: „Frau, wo sind sie? Hat niemand dich
11 verurteilt?“ Sie sagte: „Niemand, Herr!“ Jesus aber sagte:
„Auch ich verurteile dich nicht! Geh hin, und von jetzt an
sündige nicht mehr!“

(8, 12-29) **Der mich gesandt hat, ist mit mir: Er läßt mich nicht allein.**

12 Ein anderes Mal sagte Jesus zu ihnen: „ICH BIN das
Licht der Welt. Wer mir folgt, wird nicht in der Finsternis ge-
hen, sondern wird das Licht des Lebens haben.“
13 Da sagten die Pharisäer zu ihm: „Du bist Zeuge für
14 dich selbst – dein Zeugnis ist nicht wahr!“ Antwortete Jesus
und sagte zu ihnen: „Auch wenn ich mein eigener Zeuge
bin, ist mein Zeugnis wahr. Denn ich weiß, woher ich
gekommen bin und wohin ich gehe: Ihr aber wißt nicht,
15 woher ich komme und wohin ich gehe. Ihr urteilt nach dem
16 Fleisch – ich verurteile niemanden. Wenn ich aber ein
Urteil spreche, so ist mein Urteil wahr. Denn ich bin nicht
17 allein, sondern ich und der Vater, der mich gesandt hat. Und
in eurem Gesetz steht doch geschrieben , daß das Zeugnis
18 von zwei Menschen wahr ist. Ich bin Zeuge für mich selbst,
19 und der Vater, der mich gesandt hat, zeugt für mich!“ Da
sagten sie zu ihm: „Wo ist dein Vater?“ Antwortete Jesus:
„Weder mich kennt ihr noch meinen Vater! Würdet ihr mich
20 kennen, würdet ihr auch meinen Vater kennen.“ Diese Wor-
te sagte er, während er lehrte bei der Schatzkammer im
Tempel. Und keiner nahm ihn fest; denn seine Stunde war
noch nicht gekommen.
21 Da sagte er nochmals zu ihnen: „Ich gehe, und ihr
werdet mich suchen und in eurer Sünde sterben. Wohin ich
gehe, könnt ihr nicht hinkommen.“ Da sagten die Juden: 22
„Will er sich etwa selbst töten, weil er sagt: Wohin ich gehe,
könnt ihr nicht hinkommen?“ Und er sagte zu ihnen: „Ihr 23
seid von unten, – ich bin von oben. Ihr seid von dieser Welt,
ich bin nicht von dieser Welt. Ich habe euch gesagt: Ihr wer- 24
det in euren Sünden sterben. Denn wenn ihr nicht glaubt,
daß ICH BIN, werdet ihr sterben in euren Sünden.“
Da sagten sie zu ihm: „Wer bist du?“ Sagte Jesus zu 25
ihnen: „Von Anfang an sage ich es euch doch! Vieles habe 26
ich noch über euch zu sagen und zu richten. Aber der mich
gesandt hat, ist wahrhaftig, und was ich von ihm gehört
habe, das rede ich in die Welt.“ Sie verstanden nicht, daß es 27
der Vater war, von dem er zu ihnen sprach. Da sagte Jesus 28
zu ihnen: „Wenn ihr den Menschensohn erhöhen werdet,
dann werdet ihr erkennen, daß ICH BIN, und daß ich von
mir selbst aus nichts tue, sondern wie mich der Vater ge-
lehrt hat, das rede ich. Und der mich gesandt hat, ist mit 29
mir. Er läßt mich nicht allein, weil ich allezeit tue, was ihm
gefällt.

Wenn der Sohn euch frei macht, werdet ihr wirklich frei sein. (8, 30-59)

Wie er das sagte, glaubten viele an ihn. Da sagte 30.31
Jesus zu den Juden, die Glauben zu ihm gefaßt hatten:
„Wenn ihr bleibt in meinem Wort, seid ihr in Wahrheit
meine Jünger und werdet die Wahrheit erkennen, und 32
die Wahrheit wird euch frei machen.“ Sie antworteten: 33
„Abrahams Same sind wir und niemals jemandes Knecht
gewesen! Wie kannst du sagen: Ihr sollt frei werden?“ Jesus 34
antwortete ihnen: „Amen, amen, ich sage euch: Jeder, der
Sünde tut, ist ein Knecht der Sünde. Der Knecht aber bleibt 35
nicht im Hause auf ewig – der Sohn bleibt, auf ewig. Wenn 36
nun der Sohn euch freimacht, werdet ihr wirklich frei sein!
Ich weiß, daß ihr Abrahams Same seid. Aber ihr 37
sucht mich zu töten, weil mein Wort nicht Raum hat in euch.
Was ich gesehen habe beim Vater, rede ich: Ihr tut, was ihr 38
von eurem Vater gehört habt.“ Sie antworteten und sagten 39
zu ihm: „Unser Vater ist Abraham.“ Sagt Jesus zu ihnen:
„Wenn ihr Abrahams Kinder wäret, würdet ihr die Werke
Abrahams tun. Nun aber sucht ihr mich zu töten, einen 40
Menschen, der euch die Wahrheit gesagt hat, die ich gehört
habe von Gott. Das hat Abraham nicht getan. Ihr tut die 41
Werke eures Vaters!“ Sie sagten zu ihm: „Wir sind nicht im
Ehebruch gezeugt worden! Einen haben wir zum Vater:
Gott!“ Jesus sagte zu ihnen: „Wäre Gott euer Vater, würdet 42
ihr mich lieben; denn ich bin vom Vater ausgegangen und
gekommen. Denn nicht von mir selbst aus bin ich gekom-
men, sondern jener hat mich gesandt. Warum versteht ihr 43
meine Sprache nicht? Weil ihr mein Wort nicht hören könnt!
Ihr aber stammt vom Teufel, der ist euer Vater; und 44
wonach euer Vater trachtet, das wollt ihr tun. Jener war ein
Mörder von Anfang an und hatte seinen Stand nicht in der
Wahrheit, weil es Wahrheit in ihm nicht gibt. Wenn er Lüge
redet, redet er aus seinem Eigenen, denn ein Lügner ist er
wie auch sein Vater. Weil aber ich die Wahrheit sage, glaubt 45
ihr mir nicht. Wer von euch überführt mich der Sünde? 46
Wenn ich die Wahrheit sage, warum glaubt ihr mir nicht?
Wer aus Gott ist, hört Gottes Worte. Darum hört ihr nicht, 47
weil ihr nicht aus Gott seid.“
Da antworteten die Juden und sagten zu ihm: „Ha- 48
ben wir nicht zu Recht gesagt, daß du ein Samariter bist und

Zu 9, 1-41

Auch heute hören Seelsorger im Krankenhaus häufig die Klage: „Was habe ich nur getan, daß es mir so übel ergeht?“ Mit Jesu Augen gesehen, ist die Frage falsch gestellt. Sie sollte lauten: Was will Gott mit mir? Krankheiten können so auf oft überraschende Weise einen Lebenssinn gewinnen. Sie können ein lebenslanges Wüten gegen uns selbst unterbrechen. Blindgeborene können auf einmal sehen, was sie bislang nie gesehen haben: daß Gott da ist, mich liebhat, mein Leben heil und ganz machen will. Und der auch dann bei mir bleibt, wenn ich in die Finsternis des Todes hineinmuß.

Es gibt eine „Krankheit zum Tode“, die mit keiner ärztlichen Kunst diagnostiziert und therapiert werden kann. Sie besteht oft darin, daß man sagt: „Ich bin sehend, ich verlasse mich nur auf meine Augen.“ So wird man blind für die vielen großen und kleinen Wunder in unserem Leben. Solcher Blindnis wird man erst gewahr, wenn man von ihr geheilt ist.

Solche Heilung bewirkt Jesu Wort. „Geh hin zum Teich Siloa“ – mehr nicht! Siloa heißt im Hebräischen: „der Gesandte“, das ist Jesus selbst. Er ruft uns ganz persönlich an. Ich bin gemeint. Er ruft uns zu sich, dem „Wasser des Lebens“. Und wie dieser Blinde schon von ihm geheilt war, als er zum Teich ging, um sich zu waschen, so geht es jedem, der zum Glauben kommt. Ich werde gewahr, daß ich schon in der Gnade stehe, die ich jetzt erfahre, wo ich tue, wozu Jesu Wort mich ruft.

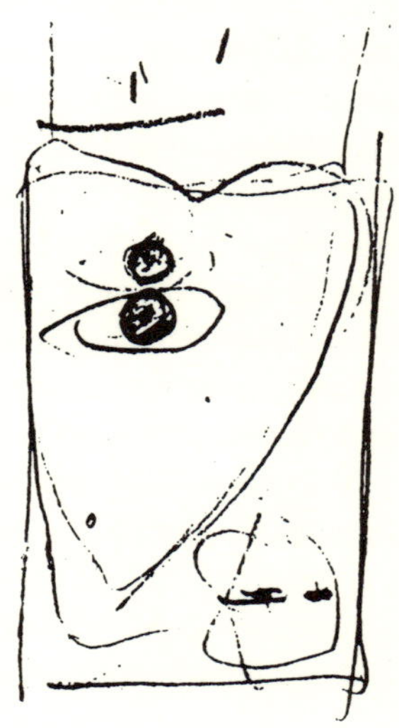

49 einen Dämon hast!“ Antwortete Jesus: „Ich habe keinen
Dämon, sondern ich ehre meinen Vater; – und ihr verletzt
50 meine Ehre! Ich aber suche nicht meine Ehre. Es ist einer,
51 der sie sucht – und richtet. Amen, amen, ich sage euch:
Wenn einer mein Wort bewahrt, wird er den Tod nicht
52 sehen, auf ewig nicht.“ Da sagten die Juden zu ihm: „Nun
haben wir erkannt, daß du einen Dämon hast! Abraham ist
gestorben und die Propheten, – und du sagst: Wenn einer
mein Wort bewahrt, wird er den Tod nicht schmecken auf
53 ewig. Bist du etwa größer als unser Vater Abraham, der ge-
storben ist? Auch die Propheten sind gestorben. Zu wem
54 machst du dich selbst!“ Antwortete Jesus: „Wenn ich mich
selbst verherrliche, ist meine Herrlichkeit nichts. Mein
Vater ist es, der mich verherrlicht, von dem ihr sagt: Er ist
55 unser Gott. Doch ihr habt ihn nicht erkannt – ich aber ken-
ne ihn. Und wenn ich sagte: Ich kenne ihn nicht, würde ich
euch gleich sein: ein Lügner. Aber ich kenne ihn und bewah-
56 re sein Wort. Abraham, euer Vater, jauchzte danach, mei-
nen Tag zu sehen; und er hat ihn gesehen und sich gefreut.“
57 Da sagten die Juden zu ihm: „Du bist noch keine fünfzig
58 Jahre und hast Abraham gesehen?“ Sagte Jesus zu ihnen:
„Amen, amen, ich sage euch: Bevor Abraham ward, bin
59 ich.“ Da hoben sie Steine auf, um sie auf ihn zu werfen.
Jesus aber verbarg sich und ging hinaus aus dem Tempel.

(9, 1-41) **Sehend werden, die nicht sehen, – blind, die sehen.**

9

1 Und im Weitergehen sah er einen Menschen, blind
2 von Geburt an. Und seine Jünger fragten ihn: „Rabbi, wer
hat gesündigt, dieser Mann selbst oder seine Eltern, – daß
3 er blind geboren ist?“ Antwortete Jesus: „Weder er hat ge-
sündigt noch seine Eltern, sondern: Gottes Taten sollen an
4 ihm offenbar werden. Wir müssen die Werke dessen wir-
ken, der mich gesandt hat, solange es Tag ist! Es kommt die
5 Nacht, da niemand wirken kann. Solange ich in der Welt
bin, bin ich das Licht der Welt.“
6 Nach diesen Worten spie er zu Boden und machte
einen Brei mit dem Speichel und strich den Brei auf die
7 Augen des Blinden und sagte zu ihm: „Geh und wasch dich
im Teich Siloa (das heißt übersetzt: der Gesandte)!“ Er ging
hin und wusch sich und kam zurück – sehend!
8 Die Nachbarn nun, und die ihn zuvor als Bettler gese-
hen hatten, sagten: „Ist das nicht der, der da saß und bettel-
9 te?“ Einige sagten: „Ja, das ist er!“, andere: „Nein! Er ist
10 ihm nur ähnlich.“ Er selbst sagte: „Ich bin's!“ Da sagten sie
11 ihm: „Wie sind denn deine Augen geöffnet worden?“ Er ant-
wortete: „Der Mann mit dem Namen Jesus machte einen
Brei und strich ihn mir auf die Augen und sagte zu mir: Geh
hinein in den Teich Siloa und wasch dich! Und wie ich ging
12 und mich gewaschen habe, konnte ich sehen.“ Sie sagten zu
ihm: „Wo ist der Mann?“ Er sagte: „Ich weiß es nicht.“
13 Sie bringen ihn zu den Pharisäern, den zuvor Blin-
14 den. Es war aber Sabbat an jenem Tage, da Jesus den Brei
15 gemacht und seine Augen geöffnet hatte. Da fragten ihn
nochmals die Pharisäer, wie er sehend geworden sei. Und
er sagte ihnen: „Er strich mir einen Brei auf die Augen, und
16 ich wusch mich und bin sehend!“ Da sagten einige von den
Pharisäern: „Dieser Mensch ist nicht von Gott, weil er den
Sabbat nicht hält!“ Andere sagten: „Wie kann ein sündiger
Mensch solche Zeichen tun?“ Und es entstand eine Spal-
17 tung unter ihnen. Da sagen sie nochmals zu dem Blinden:
„Was sagst du selbst über ihn, daß er dir die Augen geöffnet
hat?“ Er sagte: „Ein Prophet ist er!“
Die Juden glaubten nicht daran, daß er blind gewe- 18
sen und sehend geworden war, bis sie seine Eltern herbei-
gerufen hatten. Und sie fragten sie: „Ist dies euer Sohn, von 19
dem ihr sagt, er sei blind geboren? Wie kann er denn jetzt
sehen?“ Seine Eltern antworteten und sagten: „Wir wissen, 20
daß dies unser Sohn ist und daß er blind geboren ist. Wie er 21
jetzt sehen kann, wissen wir nicht. Und wer ihm die Augen
geöffnet hat, wissen wir auch nicht. Fragt ihn doch selbst!
Er ist alt genug, selbst über sich auszusagen!“ Das sagten 22
seine Eltern, weil sie sich fürchteten vor den Juden. Denn
schon hatten die Juden bestimmt, wer ihn etwa als den
Christus bekennen sollte, sollte aus der Synagoge ausge-
schlossen werden. Deswegen sagten seine Eltern: „Er ist alt 23
genug, fragt ihn selbst!“
Da riefen sie zum zweiten Mal den Menschen, der 24
blind gewesen war, und sagten zu ihm: „Gib Gott die Ehre!
Wir wissen, daß dieser Mensch ein Sünder ist!“ Der antwor- 25
tete: „Ob er ein Sünder ist, weiß ich nicht. Eines weiß ich:
daß ich blind war und jetzt sehen kann!“ Sagten sie zu ihm: 26
„Was hat er dir getan? Wie hat er dir die Augen geöffnet?“
Er antwortete: „Ich hab's euch doch schon gesagt, und ihr 27
habt es nicht hören wollen; was wollt ihr's noch einmal hö-
ren? Wollt ihr etwa seine Jünger werden?“ Da schalten sie 28
ihn und sagten: „Du bist ein Jünger dieses Mannes – wir
sind Moses Jünger! Wir wissen, daß Gott zu Mose geredet 29
hat – von dem da wissen wir nicht, woher er ist!“ Da antwor- 30
tete der Mann und sagte zu ihnen: „Darin liegt eben das Ver-
wunderliche: Ihr wißt nicht, woher er ist, – und mir hat er
die Augen geöffnet! Wir wissen doch, daß Gott auf Sünder 31
nicht hört, sondern wenn einer gottesfürchtig ist und sei-
nen Willen tut, den hört er! Von Ewigkeit her hat man noch 32
nicht gehört, daß einer die Augen eines Blindgeborenen ge-
öffnet hat. Wäre dieser Mann nicht von Gott, könnte er 33
nichts tun!“ Sie antworteten und sagten zu ihm: „In Sünden 34
geboren bist du, ganz und gar, und du willst uns belehren?“
Und sie stießen ihn hinaus.
Jesus hörte, daß sie ihn ausgestoßen hatten, und wie 35
er ihn fand, sagte er: „Du, glaubst du an den Menschen-
sohn?“ Er antwortete: „Wer ist es, Herr, damit ich an ihn 36
glaube?“ Jesus sagte zu ihm: „Du hast ihn gesehen: Der mit 37
dir redet, der ist es!“ Er sagte: „Ich glaube, Herr!“ und fiel 38
vor ihm nieder.
Und Jesus sagte: „Zum Gericht bin ich in diese Welt 39
gekommen, damit die, die nicht sehen, sehend werden und
die, die sehen, blind!“ Das hörten von den Pharisäern die, 40
die für ihn waren, und sagten zu ihm: „Sind auch wir
blind?“ Jesus sagte zu ihnen: „Wenn ihr blind wäret, hättet 41
ihr keine Sünde. Nun aber sagt ihr: wir sind sehend, – eure
Sünde bleibt!“

Ich bin der gute Hirte und kenne die meinen. (10, 1-42)

10

„Amen, amen, ich sage euch: Wer nicht durch die Tür 1
in den Schafstall hereinkommt, sondern von anderswoher
einsteigt, der ist ein Dieb und ein Räuber. Der aber durch 2
die Tür hereinkommt, ist der Hirt der Schafe. Ihm öffnet der 3
Türhüter, und die Schafe hören seine Stimme, und als seine
eigenen Schafe ruft er sie bei Namen und führt sie aus. Und 4

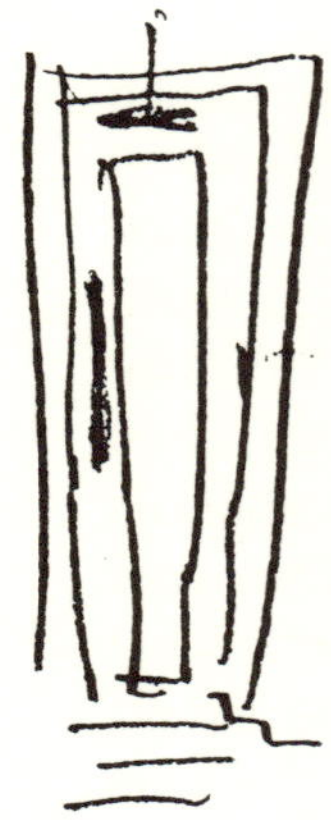

Zu 10, 16

Im Glauben können Christen immer vertrauter miteinander werden, je mehr sie in das Vertrauen zu Jesu Wort hineinwachsen, das ihnen Gottes Liebe persönlich zuspricht. Schon allgemein läßt echte Liebe Gemeinschaft wachsen, die die persönliche Freiheit des einzelnen nicht einengt, sondern sie stärkt durch die Bewährung gegenseitiger Treue. So schafft auch der Glaube an Jesus eine Gemeinschaft unter den Glaubenden, die durch die persönliche Liebe jedes einzelnen zu Jesus immer lebendiger und bewährter wird. Eine Gemeinschaft freilich ungleich tieferer Art: Sie verbindet Christen nicht nur, sie eint sie. Denn es ist der eine Herr, der sein Leben für sie einsetzt und hingibt, Jesus, der Gekreuzigte, in dem sie alle eines sind und es immer mehr werden, je mehr sie sich alle von seinem Wort führen lassen. Diese Einheit der Kirche reicht über Räume und Zeiten hinweg. Sie ist „ökumenisch" und umgreift auch die heute noch voneinander getrennten Kirchen. In der ökumenischen Bewegung, die am Ende des zweiten Jahrtausends christlicher Geschichte wie durch ein Wunder entstanden ist, bewegt der „Gute Hirte" selbst alle, die als Christen seinen Namen tragen und die er bei ihrem Namen kennt und ruft, über alle Gräben und Klüfte hinweg die „eine heilige apostolische Kirche" wiederzufinden, die ihr gemeinsames Glaubensbekenntnis, gleichlautend in allen Gottesdiensten, mit Recht bekennt. Die Einheit gehört wesenhaft zur Kirche Christi. Sie gründet in Jesu Einheit mit Gott: „Ich und der Vater sind eins" (10, 30).

Zu 11, 25-27

„Auferstehung" ist so konkret gemeint wie „Schöpfung". Wie Gott in der Schöpfung die Welt und alles Leben in ihr aus dem Nichts hervorgerufen hat, so wird er durch die gleiche Kraft seines Wortes die Toten aus dem Tod in ein neues Leben rufen, das dem Tod für immer entronnen ist. Diese Hoffnung ist dem Judentum aus dem konkreten Glauben an den lebendigen, allmächtigen Gott erwachsen. Dies unterstreichen Psalm 33, 9: „Wenn er spricht, so geschieht's; wenn er gebietet, so steht's da"; Ezechiel 37, 5: „Siehe, ich will Odem in euch bringen, daß ihr wieder lebendig werdet." und Daniel 12, 1-2: „Zu jener Zeit wird dein Volk errettet werden ... und viele, die unter der Erde schlafen liegen, werden aufwachen, die einen zum ewigen Leben, die anderen zu ewiger Schmach und Schande".

Jesus vertieft und verändert diese Hoffnung: Als Gottes Sohn hat er nicht nur die gleiche Schöpfungs- und Auferweckungskraft wie Gott (vgl. 5, 24-29), sondern als der auferstandene Gekreuzigte ist er die Auferstehung und das Leben. Er ist es für die, die im Glauben ihm gehören. Wessen Leben mit Jesus verbunden ist, hat am Leben der Auferstehung teil, und zwar ebenso bereits jetzt im irdischen Leben wie nach dem Tode am Leben der künftigen Vollendung.

„Glaubst du das?" Diese Frage richtet Jesus auch heute an jeden, der zu seinen Gläubigen gehört. Es ist geradezu die Testfrage des Glaubens. Die Antwort kann der Glaubende freilich nicht aus sich selbst heraus geben. Auferstehungshoffnung ist kein „Produkt", keine „Leistung" außerordentlicher Glaubenskraft, sondern sie erwächst aus der Verbindung mit Jesus, die dem Glaubenden durch ihn, den Auferstandenen selbst, geschenkt wird, und die ihm zuwächst, je tiefer und lebendiger der Glaube in ihm wird.

wenn er all die Seinen herausgebracht hat, geht er ihnen
voran, und die Schafe folgen ihm, denn sie kennen seine
5 Stimme. Einem Fremden werden sie nicht folgen, sondern
vor ihm fliehen, denn die Stimme der Fremden kennen sie
6 nicht." Dieses Gleichnis sagte Jesus zu ihnen, sie aber ver-
7 standen nicht, was es war, das er zu ihnen redete. Da sagte
Jesus nochmals: „Amen, amen, ich sage euch: ICH BIN die
8 Tür zu den Schafen. Alle, die vor mir gekommen sind, sind
9 Diebe und Räuber; aber die Schafe hörten nicht auf sie. ICH
BIN die Tür: Wer durch mich hereinkommt, wird gerettet
10 werden, wird ein- und ausgehen und Weide finden. Der
Dieb kommt nur, um zu stehlen und zu schlachten und um-
zubringen. Ich bin gekommen, damit sie Leben haben und
Überfluß.

11 ICH BIN der gute Hirte. Der gute Hirte setzt sein
12 Leben ein für die Schafe. Der Lohnarbeiter, der nicht Hirte
ist, dem die Schafe nicht als seine eigenen gehören, sieht
den Wolf kommen und läßt die Schafe im Stich und flieht,
13 und der Wolf reißt sie und treibt sie auseinander. Er ist eben
ein Lohnarbeiter, und die Schafe liegen ihm nicht am Her-
14 zen. ICH BIN der gute Hirte und kenne die Meinen, und die
15 Meinen kennen mich; wie mich mein Vater kennt, und ich
kenne den Vater, und mein Leben setze ich ein für meine
16 Schafe. Auch noch andere Schafe habe ich, die nicht aus
diesem Stall sind: Auch die muß ich führen, und sie werden
meine Stimme hören und eine Herde werden unter einem
17 Hirten. Deswegen liebt mein Vater mich, weil ich mein
18 Leben hingebe, um es wieder zu empfangen. Niemand
nimmt es mir weg, sondern von mir selbst setze ich es ein.
Vollmacht habe ich, es hinzugeben, und Vollmacht, es
wieder zu empfangen. Dies Gebot habe ich erhalten von
meinem Vater.

19 Eine Spaltung entstand da wieder unter den Juden
20 wegen dieser Worte. Viele von ihnen sagten: „Einen Dämon
hat er, er ist wahnsinnig, was hört ihr auf ihn?" Andere sag-
21 ten: „Das sind nicht Worte eines Besessenen – kann denn
ein Dämon einem Blinden die Augen öffnen?"

22 Dann kam das Neujahrsfest in Jerusalem. Es war
23 Winter. Und Jesus ging umher in der Säulenhalle Salomons.
24 Da umringten die Juden ihn und sagten zu ihm: „Wie lange
hältst du unsere Seele hin? Wenn du der Christus bist, sag
25 es frei heraus!" Jesus antwortete ihnen: „Ich habe es euch
26 gesagt, doch ihr glaubt nicht! Die Werke, die ich im Namen
meines Vaters tue, die zeugen von mir. Aber ihr glaubt
27 nicht! Denn ihr gehört nicht zu meinen Schafen. Meine
Schafe hören meine Stimme, und ich kenne sie und sie fol-
28 gen mir; und ich gebe ihnen ewiges Leben, und sie werden
nicht umkommen, in Ewigkeit nicht; und niemand wird sie
29 aus meiner Hand rauben. Was mein Vater mir gegeben hat,
ist mehr als alles; niemand wird es rauben können aus der
30 Hand des Vaters. Ich und der Vater – eins sind wir."

31 Da hoben die Juden wieder Steine auf, um ihn zu stei-
32 nigen. Jesus antwortete ihnen: „Viele gute Werke habe ich
euch erzeigt von meinem Vater her: Welches Werk ist es,
33 weswegen ihr mich steinigen wollt?" Die Juden antworte-
ten ihm: „Um eines guten Werkes willen steinigen wir dich
nicht, sondern wegen Gotteslästerung, weil du, ein Mensch,
34 dich, zu Gott machst!" Antwortete Jesus ihnen: „Steht nicht
in eurem Gesetz geschrieben: ‚Ich habe gesagt: Götter seid
35 ihr'? Wenn es die Götter nennt, zu denen das Wort Gottes
geschah, – und die Schrift kann doch nicht aufgelöst wer-
den, – wie könnt dann ihr von dem, den der Vater geheiligt 36
und in die Welt gesandt hat, sagen: ‚Du lästerst!' –, weil ich
gesagt habe: Ich bin Gottes Sohn? Wenn ich nicht die Werke 37
meines Vaters tue, dann glaubt mir nicht! Wenn ich sie aber 38
tue, so glaubt, wenn ihr schon mir nicht glauben wollt, die-
sen Werken, damit ihr gewahr werdet und erkennt, daß in
mir der Vater ist und ich im Vater!" Da suchten sie ihn zu 39
packen, aber er entkam aus ihrer Hand. Und er zog wieder 40
zurück jenseits des Jordan an den Ort, wo Johannes zuerst
gewesen war und getauft hatte. Dort blieb er. Und viele 41
kamen zu ihm und sagten: „Johannes hat keinerlei Zeichen
getan; doch alles, was Johannes über diesen da gesagt hat,
ist wahr gewesen." Und viele kamen dort zum Glauben 42
an ihn.

Ich bin die Auferstehung und das Leben. (11, 1-57)

11

Es war aber ein Kranker, Lazarus von Betanien, aus 1
dem Dorf Marias und ihrer Schwester Martha. Maria aber 2
war die, die den Herrn mit Öl gesalbt und seine Füße mit
ihren Haaren getrocknet hat; deren Bruder Lazarus war
krank. Da sandten die Schwestern zu ihm und ließen ihm 3
sagen: „Herr, sieh: Der, den du liebst, ist krank." Als Jesus 4
das hörte, sagte er: „Diese Krankheit ist nicht zum Tode,
sondern sie dient der Herrlichkeit Gottes, damit Gottes
Sohn durch sie verherrlicht wird."

Jesus aber liebte Martha und ihre Schwester und La- 5
zarus. Wie er nun hörte, daß er krank sei, blieb er noch zwei 6
Tage dort, wo er war; erst danach sagt er zu seinen Jün- 7
gern: „Laßt uns noch einmal nach Judäa gehen!" Seine Jün- 8
ger sagen zu ihm: „Rabbi, eben noch haben die Juden dich
zu steinigen gesucht, und wieder willst du dorthin gehen?"
Antwortete Jesus: „Hat der Tag nicht zwölf Stunden? Wenn 9
einer am Tage geht, stößt er sich nicht an, denn er sieht das
Licht dieser Welt. Geht er aber des Nachts, stößt er an, denn 10
das Licht ist nicht in ihm." Das sagte er. Und danach sagt er: 11
„Lazarus, unser Freund, ist eingeschlafen. Aber ich gehe
hin, ihn aufzuwecken." Da sagten seine Jünger zu ihm: 12
„Herr, wenn er schläft, wird er gesund werden." Jesus aber 13
hatte von seinem Tod gesprochen; jene aber meinten, er
rede vom Schlaf. Da sagte Jesus frei heraus: „Lazarus ist ge- 14
storben. Und ich freue mich euretwegen, damit ihr glaubt, 15
weil ich nicht dort war. Doch laßt uns zu ihm gehen!" Da 16
sagte Thomas, genannt ‚Der Zweifler', zu den Mitjüngern:
„Ja, laßt auch uns gehen, um mit ihm zu sterben!"

Als Jesus ankam, fand er ihn bereits vier Tage begra- 17
ben. Betanien lag nahe bei Jerusalem, etwa fünfzehn Sta- 18
dien entfernt. Viele aber von den Juden waren zu Martha 19
und Maria gekommen, um sie ihres Bruders wegen zu trö-
sten. Martha nun, wie sie hörte, daß Jesus komme, lief sie 20
ihm entgegen; Maria aber blieb im Hause. Da sagte Martha 21
zu Jesus: „Herr, wenn du hier gewesen wärst, mein Bruder
wäre nicht gestorben! Aber auch jetzt weiß ich: Worum du 22
Gott bittest, das wird Gott dir geben." Sagt Jesus zu ihr: 23
„Dein Bruder wird auferstehen." Sagt Martha zu ihm: „Ich 24
weiß: Er wird auferstehen bei der Auferstehung am letzten
Tage!" Jesus sagte zu ihr: „ICH BIN die Auferstehung und 25
das Leben. Wer an mich glaubt, wird, auch wenn er stirbt,
leben; und jeder, der lebt und glaubt an mich, wird nicht 26
sterben in Ewigkeit. Glaubst du das?" Sagt sie zu ihm: 27

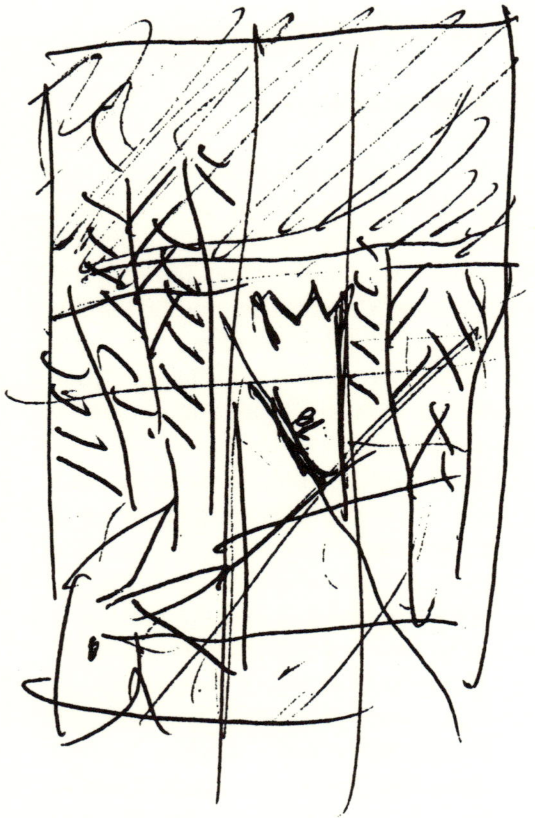

Zu 12, 23

„Herrlichkeit" ist die strahlende Lichtwirklichkeit, in der Gott selbst ist und in der auch Gottes Sohn mit Gott vereint war, bevor er Mensch wurde. An Gottes Herrlichkeit hat aber auch der Mensch Jesus teil durch die ganze Zeit seines irdischen Wirkens hindurch. Seine Sendung hat zu ihrem Ziel, die Menschen im Glauben an ihn Gottes Herrlichkeit schauen zu lassen, jenes strahlende Licht, das an sich unsichtbar ist und menschliche Augen blendet, das aber in Jesus so begegnet, daß Glaubende an ihm teilgewinnen. Dieses Ziel der Sendung Jesu ist nur vorläufig erreicht, wo er durch seine Wunder als „Zeichen" seine Herrlichkeit offenbart (2, 11). Endgültig findet seine Sendung in der „Stunde" seines Todes ihre Erfüllung (vgl. 19, 30). Diese Stunde setzt ein, wo Jesus zum letzten Mal in Jerusalem angekommen ist – zum Passafest, das durch seinen Tod einen neuen Sinn bekommt (vgl. 13, 1-2; 18, 28; 19, 14; 19, 31).

Für Jesus selbst ist sein Tod seine Rückkehr zum Vater, seine Heimkehr in die unmittelbare Einheit des Uranfangs; denn der Tod kann ihn nicht festhalten, wo Gott seinen Sohn zum Leben auferweckt. Darum nennt Jesus im Johannesevangelium seinen Kreuzestod selbst seine „Verherrlichung". Was diese für seine Jünger bedeutet, die im irdischen Leben zurückbleiben, wird er ihnen in den Abschiedsgesprächen eröffnen (Kap. 13-17). Hier deutet er es nur im Bilde vom Weizenkorn an, das, indem es stirbt, „viel Frucht bringt" (12, 24).

„Ja, Herr! Ich glaube es fest: Du bist der Christus, der Sohn
Gottes, der in die Welt kommt."
28 Und als sie das gesagt hatte, ging sie und rief ihre
Schwester Maria und sagte heimlich zu ihr: „Der Meister ist
29 da und ruft dich!" Wie jene das hörte, sprang sie auf und
30 kam zu ihm. Jesus aber war noch nicht in das Dorf hinein-
gekommen, sondern stand noch an dem Ort, wo Martha
31 ihm begegnet war. Die Juden nun, die bei ihr im Hause wa-
ren, um sie zu trösten, sahen Maria rasch aufstehen und
hinausgehen und folgten ihr in der Meinung, sie sei zum
Grabe gegangen, um dort zu weinen.
32 Wie nun Maria dorthin kam, wo Jesus war, sah sie
ihn und fiel ihm zu Füßen und sagte zu ihm: „Herr, wenn du
hier gewesen wärst, – mein Bruder wäre nicht gestorben!"
33 Jesus nun, wie er sie weinen sah und auch die Juden, die
mit ihr gekommen waren, weinend, ergrimmte er im Geist
34 und erregte sich und sprach: „Wo habt ihr ihn hingelegt?"
35.36 Sagen sie zu ihm: „Herr, komm und sieh!" Jesus weinte. Da
37 sagten die Juden: „Sieh, wie lieb hat er ihn gehabt!" Einige
von ihnen aber sagten: „Hätte dieser Mann, der die Augen
des Blinden geöffnet hat, nicht auch machen können, daß
dieser hier nicht hätte sterben müssen?"
38 Da ergrimmt Jesus nochmals in seinem Innern und
kommt zum Grab. Es war aber eine Höhle, und ein Stein lag
39 darauf. Sagt Jesus: „Hebt den Stein ab!" Sagt die Schwester
des Verstorbenen, Martha: „Herr, er stinkt bereits! Vier
40 Tage liegt er hier schon!" Sagt Jesus zu ihr: „Habe ich dir
nicht gesagt: Wenn du glaubst, wirst du Gottes Herrlichkeit
41 sehen –?" Da hoben sie den Stein ab. Jesus aber erhob seine
Augen in die Höhe und sprach: „Vater ich danke dir, daß du
42 mich erhört hast. Ich wußte, daß du mich allezeit hörst;
aber um des Volkes willen, das hier umhersteht: damit sie
43 glauben, daß du es bist, der mich gesandt hat!" Und als er
das gesagt hatte, schrie er mit lauter Stimme: „Lazarus,
44 hierher, heraus!" Da kam er heraus, der Gestorbene, die
Füße zusammengebunden und mit Binden um die Hände,
und sein Gesicht war mit einem Schweißtuch bedeckt. Sagt
Jesus zu ihnen: „Löst ihn und laßt ihn gehen!"
45 Viele nun von den Juden, die zu Maria gekommen
46 waren und gesehen hatten, was er tat, glaubten an ihn. Eini-
ge aber von ihnen gingen weg zu den Pharisäern und sagten
47 ihnen, was Jesus getan hatte. Da versammelten sich die
Hohenpriester und die Pharisäer im Rat und sagten: „Was
48 tun wir, wo dieser Mann so viele Zeichen tut? Wenn wir ihn
so lassen, werden alle an ihn glauben; und die Römer wer-
den kommen und uns diesen heiligen Ort und das Volk weg-
49 nehmen." Einer von ihnen aber, Kajafas, der Hohepriester
50 jenes Jahres, sagte zu ihnen: „Ihr wißt gar nichts, und be-
denkt auch nicht, daß es euch nützt, wenn ein Mensch für
51 das Volk stirbt und nicht das ganze Volk umkommt." Das
sagte er aber nicht aus sich, sondern als der Hohepriester
jenes Jahres weissagte er, daß Jesus sterben werde für das
52 Volk; und nicht für das Volk allein, sondern damit auch die
Kinder Gottes, die zerstreut sind, zur Einheit gesammelt
53 werden. Von jenem Tage an beschlossen sie, ihn zu töten.
54 Jesus ging nun nicht mehr offen unter den Juden umher,
sondern ging weg in das Land nahe der Wüste, in eine Stadt
mit Namen Efraim. Dort blieb er mit seinen Jüngern.
55 Es war aber nahe das Passafest der Juden; und viele
aus dem Lande gingen vor dem Passa hinauf nach Jerusa-
56 lem, um sich zu heiligen. Und sie suchten Jesus und sagten
im Tempel beieinanderstehend: „Was meint ihr: Wird er
zum Fest kommen?" Die Hohenpriester und Pharisäer aber 57
hatten Anweisung gegeben, wenn jemand erfahre, wo er
sei, es anzuzeigen, damit sie ihn verhaften könnten.

Das Weizenkorn, das in die Erde fällt und stirbt, bringt viel Frucht. (12, 1-50)

12

Jesus nun kam sechs Tage vor dem Passa nach Beta- 1
nien, wo Lazarus war, den Jesus von den Toten auferweckt
hat. Und sie bereiteten ihm dort eine Mahlzeit; und Martha 2
bediente, Lazarus aber war einer von denen, die mit ihm
zusammen bei Tisch saßen. Da nahm Maria ein Glas wert- 3
vollen, sehr teuren Nardenöls und salbte Jesu Füße, und mit
ihrem Haar trocknete sie ihm seine Füße. Und das Haus
wurde erfüllt vom Geruch der Salbe.
Da sagt Judas aus Iskariot, einer von seinen Jüngern, 4
der, der ihn dann verraten sollte: „Warum ist dieses Öl nicht 5
verkauft worden, für dreihundert Denare, und den Armen
gegeben?" Das sagte er aber nicht, weil ihm die Armen am 6
Herzen lagen, sondern weil er ein Dieb war und die Kasse
verwaltete und die Einkünfte an sich brachte. Da sagte 7
Jesus: „Laß sie, damit sie es für den Tag meines Begräbnis-
ses aufbewahrt. Die Armen habt ihr ja allezeit bei euch, 8
mich aber habt ihr nicht allezeit."
Es erfuhr nun eine große Menge von den Juden, daß 9
er dort war; und sie kamen nicht allein Jesu wegen, son-
dern auch um Lazarus zu sehen, den er von den Toten aufer-
weckt hatte. Die Hohenpriester aber hatten beschlossen, 10
auch Lazarus zu töten, weil seinetwegen viele von den 11
Juden kamen und glaubten an Jesus.

Am Tage darauf hörten viele aus dem Volk, das zum 12
Fest gekommen war: „Jesus kommt nach Jerusalem!" Da 13
nahmen sie Palmen, kamen heraus ihm entgegen und rie-
fen: „Osanna! Gepriesen, der da kommt im Namen des
Herrn, der König Israels!" Jesus aber fand ein Eselchen und 14
setzte sich darauf, wie geschrieben steht: „Fürchte dich 15
nicht, Tochter Zion! Siehe, dein König kommt, sitzend auf
einem Eselsfüllen." Das erkannten seine Jünger zuerst 16
nicht, aber als Jesus verherrlicht war, da erinnerten sie sich
daran, daß dies über ihn geschrieben ist, und sie ihm dies
getan hatten.
Es bezeugte aber auch die Volksmenge, die bei ihm 17
war, als er Lazarus aus dem Grabe herausgerufen und von
den Toten auferweckt hatte. Deswegen ging ihm die Menge 18
entgegen, weil sie hörten, daß er dieses Zeichen getan
hatte. Da sagten die Pharisäer zueinander: „Ihr seht, daß es 19
nichts nützt: Sieh, die ganze Welt läuft hinter ihm her!"
Es waren aber einige Griechen von denen, die her- 20
aufkamen, um anzubeten auf dem Fest. Die traten zu Philip- 21
pus, dem von Betsaida in Galiläa, baten ihn und sagten:
„Herr, wir wollen Jesus sehen." Philippus kommt und sagt 22
es Andreas; und Andreas und Philippus kommen und sagen
es Jesus. Jesus aber antwortet ihnen: „Gekommen ist die 23
Stunde, daß der Menschensohn verherrlicht wird. Amen, 24
amen, ich sage euch: Wenn das Weizenkorn nicht in die
Erde fällt und stirbt, bleibt es allein. Wenn es aber stirbt,
bringt es viel Frucht. Wer sein Leben liebt, wird es verlie- 25
ren; und wer sein Leben haßt in dieser Welt, wird es zum

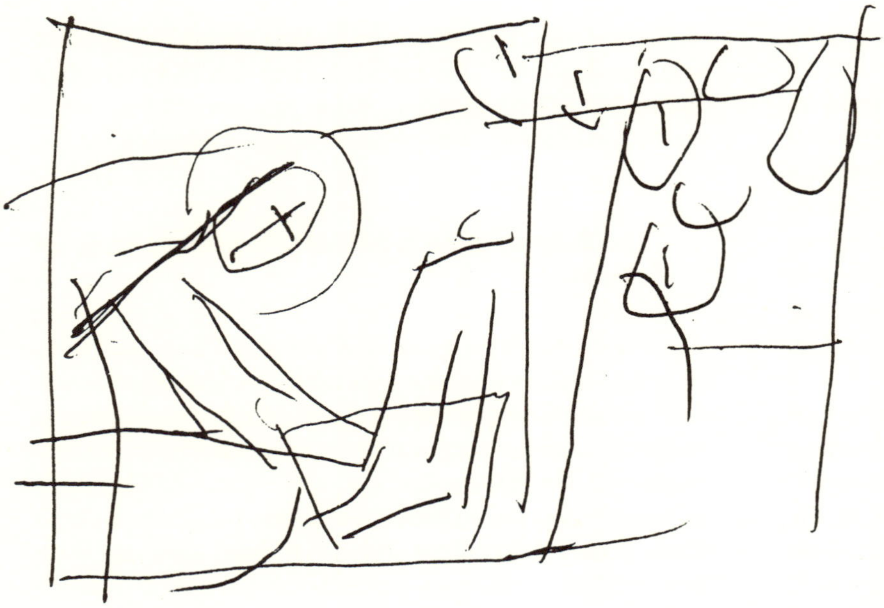

Zu 13, 1-17

In dem sehr gefüllten Eingangssatz (13, 1-3) ist Jesu ganze Sendung zusammengefaßt. In seinem Kreuzestod vollendet sich die Liebe zu den Seinen, die ihn bereits hat Mensch werden lassen. Zugleich aber vollendet sich auch seine Einheit mit Gott, indem er durch den Tod hindurch zu seinem Vater zurückkehrt. Die Spannung löst sich dadurch, daß seine Jünger in ihrer irdischen Gemeinschaft seine Liebe zu ihnen in gegenseitiger Liebe bewahren. Indem dies unter ihnen geschieht, vollendet sich Jesu Sendung auch auf Erden, wie sie sich im Himmel im Einssein zwischen ihm und dem Vater vollendet. Der Ruf in Jesu Nachfolge konzentriert und verwandelt sich so zugleich zum Gebot gegenseitigen Dienens.

26 ewigen Leben bewahren. Wenn mir einer dient, folge er
mir, und wo ich bin, dort wird auch mein Diener sein. Wenn
27 einer mir dient, wird ihn mein Vater ehren. Jetzt ist meine
Seele in Angst, und was soll ich sagen: Vater, rette mich aus
dieser Stunde? Aber deswegen bin ich in diese Stunde ge-
28 kommen: Vater verherrliche deinen Namen!" Da kam eine
Stimme aus dem Himmel: „Ich habe ihn verherrlicht und
will ihn nochmals verherrlichen."
29 Das Volk, das dabeistand und es hörte, sagte: „Es hat
gedonnert." Andere sagten: „Ein Engel hat zu ihm geredet!"
30 Jesus antwortete und sprach: „Nicht meinetwegen ist diese
31 Stimme geschehen, sondern euretwegen. Jetzt ist das Ge-
richt über diese Welt, jetzt wird der Herrscher dieser Welt
32 hinausgestoßen werden, nach draußen. Und ich, wenn ich
erhöht werde von der Erde, werde ich alle zu mir ziehen."
33 Das sagte er aber, um anzuzeigen, welchen Tod er sterben
werde.
34 Da antwortete ihm das Volk: „Wir haben aus dem
Gesetz gehört, daß der Christus in Ewigkeit bleiben wird, –
wie sagst du, daß der Menschensohn erhöht werden muß?
35 Wer ist dieser Menschensohn?" Da sagte Jesus zu ihnen:
„Nur noch kurze Zeit ist das Licht unter euch. Geht euren
Weg, solange ihr das Licht habt, damit die Finsternis euch
nicht erfaßt. Wer in der Finsternis geht, weiß nicht, wo der
36 Weg ist. Solange ihr das Licht habt, glaubt an das Licht,
damit ihr Kinder des Lichts werdet."

Das sagte Jesus; dann ging er weg und verbarg sich
37 vor ihnen. Obwohl er so viele Zeichen getan hatte vor ihnen,
38 glaubten sie nicht an ihn. So sollte erfüllt werden das Wort
des Propheten Jesaja, das er gesagt hat: „Herr, wer hat un-
serer Botschaft geglaubt? Und der Arm des Herrn, wem ist
39 er offenbar geworden?" Deswegen konnten sie nicht glau-
40 ben. Denn an einer weiteren Stelle hat Jesaja gesagt: „Blind
gemacht hat er ihre Augen, und verstockt ihr Herz, damit
sie nicht sehen mit ihren Augen und verstehen mit ihren
41 Herzen und sich bekehren, daß ich sie heilte." Das hat
Jesaja gesagt, weil er seine Herrlichkeit geschaut hat; über
42 ihn hat er geredet. Gleichwohl glaubten auch viele von den
Herrschenden an ihn; aber der Pharisäer wegen bekannten
sie sich nicht dazu, um nicht aus der Synagogengemein-
43 schaft ausgeschlossen zu werden. Denn sie liebten die Ehre
bei den Menschen mehr als die Ehre bei Gott.
44 Jesus aber rief und sprach: „Wer an mich glaubt,
glaubt nicht an mich, sondern an den, der mich gesandt
45 hat; und wer mich sieht, sieht den, der mich gesandt hat.
46 Ich bin in die Welt gekommen als Licht, damit jeder, der an
47 mich glaubt, nicht in der Finsternis bleibt. Und wenn je-
mand meine Worte hört und sie nicht bewahrt, – ich richte
ihn nicht! Denn ich bin nicht gekommen, um die Welt zu
48 richten, sondern um die Welt zu retten. Wer mich verachtet
und meine Worte nicht annimmt, der hat seinen Richter:
Das Wort, das ich geredet habe, ist es, das ihn verurteilen
49 wird am letzten Tage. Denn ich habe nicht von mir aus gere-
det, sondern der Vater, der mich gesandt hat, hat mir ge-
50 boten, was ich zu sagen und was ich zu reden habe. Und ich
weiß, sein Gebot ist ewiges Leben. Was immer ich rede, –
wie es der Vater zu mir gesagt hat, so rede ich."

Wie ich euch geliebt habe, so sollt ihr einander lieben! (13, 1-38)

13

Vor dem Passafest aber, da Jesus wußte, daß seine 1
Stunde gekommen war, hinüberzugehen aus dieser Welt
zum Vater, hat er, der die Seinen in der Welt liebte, sie bis
zur Vollendung geliebt. Und beim Mahl, als der Teufel 2
bereits Judas Iskariot ins Herz geworfen hatte, ihn zu ver-
raten, im Wissen, daß der Vater ihm alles in seine Hände 3
gegeben hatte, und er von Gott gekommen war und zu Gott
zurückkehre, – steht er auf beim Mahl, legt das Oberge- 4
wand ab und nimmt ein Leinentuch und legt es sich um.
Dann gießt er Wasser ins Becken und begann, seinen Jün- 5
gern die Füße zu waschen und sie zu trocknen mit dem
Tuch, das er sich umgelegt hatte.
So kommt er zu Simon Petrus. Der sagt zu ihm: „Du, 6
Herr, willst mir die Füße waschen?" Jesus antwortete und 7
sagte zu ihm: „Was ich tue, verstehst du jetzt nicht: du wirst
es aber hernach verstehen." Da sagte Petrus zu ihm: „Du 8
sollst mir die Füße nicht waschen, niemals!" Jesus antwor-
tete: „Wenn ich dich nicht wasche, hast du nicht teil an mir."
Da sagt Simon Petrus zu ihm: „Herr, nicht meine Füße al- 9
lein, sondern auch die Hände und das Haupt!" Jesus sagt zu 10
ihm: „Wer gebadet ist, hat es nicht nötig, sich waschen zu
lassen, außer die Füße: Er ist rein, ganz und gar. Und ihr
seid rein, – doch nicht alle!" Er kannte ja seinen Verräter, 11
darum sagte er: „Nicht alle seid ihr rein."
Als er ihnen nun die Füße gewaschen hatte, nahm er 12
seine Kleider und legte sich wieder zu Tisch und sagte zu
ihnen: „Erkennt ihr, was ich euch getan habe? Ihr ruft mich 13
‚Meister' und ‚Herr', und recht sagt ihr, denn ich bin es.
Wenn nun ich euch die Füße gewaschen habe, ich, der Herr 14
und der Meister, so sollt auch ihr einander die Füße
waschen. Ein Vorbild habe ich euch nämlich gegeben: Wie 15
ich euch getan habe, so tut auch ihr! Amen, amen, ich sage 16
euch: Nicht ist der Knecht größer als sein Herr, und der Bote
nicht größer als der, der ihn gesandt hat. Wenn ihr das wißt, 17
– selig seid ihr, wenn ihr es tut!
Nicht von euch allen spreche ich: Ich weiß, wen ich 18
mir erwählt habe! Aber damit die Schrift erfüllt wird: „Der
mein Brot ißt, hat gegen mich seine Ferse erhoben"! Schon 19
jetzt sage ich es euch, bevor es geschieht, damit ihr glaubt,
wenn es geschieht, daß ICH BIN. Amen, amen, ich sage 20
euch: Wer annimmt, wen ich senden werde, nimmt mich
an; wer aber mich annimmt, nimmt den an, der mich
gesandt hat."
Wie Jesus das gesagt hatte, wurde er erregt in seinem 21
Geist und bezeugte und sprach: „Amen, amen, ich sage
euch: Einer von euch wird mich verraten!" Die Jünger blick- 22
ten einander an, ratlos, von wem er da rede. Es war einer 23
von seinen Jüngern, der lag an Jesu Brust – der, den Jesus
liebhatte. Ihm nickt Simon Petrus zu, er möge fragen, wer 24
es sei, von dem er spreche. Da neigte jener sich an Jesu 25
Brust zurück und sagt zu ihm: „Herr, wer ist es?" Jesus ant- 26
wortet: „Der ist es, dem ich diesen Bissen eintauche und
ihm gebe." So taucht er den Bissen ein, nimmt ihn und gibt
ihn Judas, Simons Sohn, aus Iskariot. Alsbald danach fuhr 27
der Satan in ihn hinein. Und Jesus sagt zu ihm: „Was du
tust, tue schnell." Das aber verstand niemand von denen, 28
die bei Tische lagen, wozu er es ihm sagte. Einige meinten, 29
weil Judas die Kasse führte, sagte Jesus ihm: ‚Kauf ein, was
wir zum Fest nötig haben', oder er möge den Armen etwas

Zu 13, 30-38

Aus welchen Motiven heraus Judas seinen Herrn verraten hat, bleibt offen. Wichtig ist im Johannesevangelium allein, daß es der Satan ist, der Gegenspieler Gottes selbst, der Judas zu seinem Diener macht. So wird es „Nacht" dort, wohin Judas weggeht.

Im gleichen Augenblick beginnt Jesu „Verherrlichung", seine Rückkehr in Gottes Licht; und in ihrer Folge schließt sich der Kreis seiner Jünger zur Einheit in der Liebe untereinander. Doch alsbald wird auch innerhalb dieses engsten Kreises eine Krise ausbrechen. Simon, „der Fels", wird seinen Herrn dreimal verleugnen. Sowie es ernst wird mit der Jüngerschaft, fällt die Treue seiner Nachfolger in sich zusammen. Wäre Jesu Liebe zu den Seinen nicht unerschütterlich bis hinein in den Tod, so hätte die Kirche kein tragendes Fundament.

Zu 14, 1-4

Es wäre in der Tat erschreckend, wenn Jesu Rückkehr zum Vater die definitive Trennung von seinen Jüngern bedeutete. Aber die Einheit von Vater und Sohn ist nicht exklusiv. Sein Vaterhaus ist auch unser Vaterhaus; es gibt dort Wohnung für uns alle. Nur so vollendet sich im Himmel Jesu irdische Sendung. Seine Liebe zu den Seinen und Gottes Liebe zu ihm sind ja eins. Sie gibt allen Christen teil an dieser Einheit. Und keiner von ihnen verliert dabei seine persönliche Identität: Es gibt viele Wohnungen in dem einen Vaterhaus.

Zu 14, 15-19

Als Jesus in ihrer Mitte war, war er der „Anwalt" der Seinen bei Gott. Für sie alle war er der Weg zu Gott, war selbst die Wahrheit der Liebe Gottes zu ihnen, war als der Sohn des Vaters das wahre, ewige Leben, an dem sie im Glauben an ihn teilhaben durften (14, 6). All dies bleibt so, auch nach Jesu Tod. Denn an seine Stelle tritt Gottes Geist in ihre Mitte, „der Geist der Wahrheit", der Vater und Sohn vereint. So gibt der Geist allen Christen schon in der irdischen Gemeinschaft der Glaubenden teil an der im Himmel vollendeten Einheit zwischen Vater und Sohn. Das tut er, indem er Jesu Worte unter ihnen bleibend lebendig – gegenwärtig macht (14, 26). Das Johannesevangelium ist selbst ein solches Zeugnis des Geistes.

Zu 15, 9-17

Das Gebot gegenseitiger Liebe ist Jesu „Testament" an seine Kirche (vgl. 13, 34-35). In diesem Gebot als seinem Wort ist die Wirklichkeit seiner Liebe zu ihnen gegenwärtigwirksam. Bleibt das Leben seiner Jünger mit dem Leben Jesu verbunden, so wirkt sich dies aus in ihrer Liebe untereinander. Ohne solche Liebe verliert das Christsein sein Leben; ohne die Verbindung zu Jesu Liebe wird sie nutzlos. Wie es während seiner irdischen Zeit Glauben an Jesus nur in seiner Nachfolge gab, so kann es in der Zeit nach Ostern Teilhabe am Auferstandenen nur geben in Teilnahme an seiner Liebe zu allen, die seinen Namen tragen.

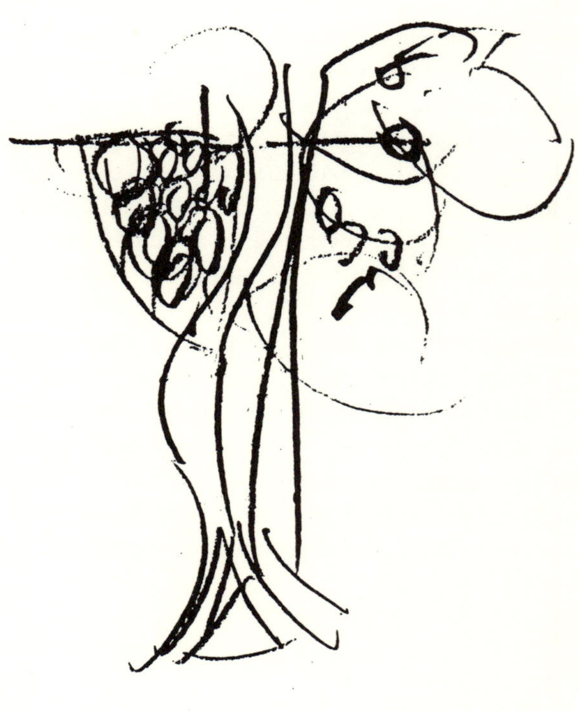

30 geben. Jener nun nahm den Bissen und ging sofort hinaus.
Es war aber Nacht.
31 Als er hinausgegangen war, sagt Jesus: „Jetzt ist der
Menschensohn verherrlicht, und Gott ist verherrlicht in
32 ihm. Wenn aber Gott verherrlicht ist in ihm, wird Gott auch
ihn in sich verherrlichen; und sogleich wird er ihn verherr-
33 lichen. Kinder, kurze Zeit bin ich nur noch bei euch. Ihr
werdet mich suchen; und wie ich den Juden gesagt habe:
‚Wohin ich gehe, dahin könnt ihr nicht hinkommen', so
34 sage ich es jetzt auch euch. Ein neues Gebot gebe ich euch:
daß ihr einander liebt. Wie ich euch geliebt habe, so sollt ihr
35 einander lieben. Daran werden alle erkennen, daß ihr als
Jünger zu mir gehört: wenn ihr Liebe untereinander habt."
36 Da sagt Simon Petrus zu ihm: „Herr, wohin gehst du?" Jesus
antwortete ihm: „Wohin ich gehe, dahin wirst du mir nicht
37 folgen können, später aber wirst du mir folgen." Sagt Petrus
zu ihm: „Warum kann ich dir jetzt nicht folgen? Mein Leben
38 will ich einsetzen für dich!" Jesus antwortet: „Dein Leben
willst du für mich einsetzen? Amen, amen ich sage dir: Noch
vor dem Hahnenschrei wirst du mich verleugnen, dreimal!"

Meinen Frieden gebe ich euch.

(14, 1-31)

14

1 „Euer Herz lasse sich nicht erschrecken: Glaubt an
2 Gott und an mich glaubt! Im Hause meines Vaters sind viele
Wohnungen. Wäre es nicht so, hätte ich euch dann gesagt:
3 Ich gehe hin, euch eine Stätte zu bereiten? Und wenn ich
hingegangen bin und euch eine Stätte bereitet habe, kom-
me ich wieder und werde euch zu mir nehmen, damit, wo
4 ich bin, auch ihr seid. Und wohin ich gehe, dahin wißt
ihr den Weg."
5 Sagt Thomas zu ihm: „Herr, wir wissen nicht, wohin
6 du gehst, wie können wir da den Weg wissen?" Jesus sagt zu
ihm: „ICH BIN der Weg und die Wahrheit und das Leben.
7 Niemand kommt zum Vater außer durch mich. Wenn ihr
mich erkannt habt, werdet ihr auch meinen Vater erkennen.
8 Und von jetzt an kennt ihr ihn und habt ihn gesehen." Sagt
Philippus zu ihm: „Herr, zeige uns den Vater, das ist uns ge-
9 nug!" Jesus sagt zu ihm: „So lange Zeit bin ich nun schon bei
euch, und du hast mich nicht erkannt, Philippus? Wer mich
gesehen hat, hat den Vater gesehen! Wie sagst du da: Zeige
10 uns den Vater? Glaubst du nicht, daß ich im Vater und der
Vater in mir ist? Die Worte, die ich euch sage, sage ich nicht
von mir selbst aus – der Vater, der bleibend in mir ist, tut sei-
11 ne Werke. Glaubt mir, daß ich im Vater und der Vater in mir
ist! Wenn aber nicht, so glaubt um der Werke selbst willen!
12 Amen, amen, ich sage euch: Wer an mich glaubt, wird die
Werke, die ich tue, auch selbst tun und noch größere als sie
13 wird er tun, weil ich zum Vater gehe. Was immer ihr bitten
werdet kraft meines Namens, das werde ich tun, damit der
14 Vater im Sohn verherrlicht wird. Wenn ihr mich etwas bit-
ten werdet, in meinem Namen, werde ich's tun.
15 Wenn ihr mich liebt, werdet ihr meine Gebote halten.
16 Und ich werde den Vater bitten, und er wird euch einen an-
17 deren Anwalt geben, der soll bei euch sein in Ewigkeit: der
Geist der Wahrheit, den die Welt nicht fassen kann, weil sie
ihn nicht sieht und nicht erkennt. Ihr erkennt ihn, weil er
bei euch bleibt und in euch sein wird.
18 Ich lasse euch nicht als Waisen zurück; ich komme zu
19 euch. Noch kurze Zeit, und die Welt wird mich nicht mehr
sehen; ihr aber seht mich; denn ich lebe, und auch ihr wer-
det leben. An jenem Tage werdet ihr erkennen, daß ich in 20
meinem Vater bin und ihr in mir und ich in euch. Wer meine 21
Gebote hat und sie bewahrt, der ist's, der mich liebt. Wer
aber mich liebt, wird geliebt werden von meinem Vater;
und auch ich werde ihn lieben und mich ihm offenbaren."
Sagt Judas zu ihm – nicht der aus Iskariot: „Herr, 22
was ist der Grund, daß du dich uns offenbaren willst und
nicht der Welt?" Jesus antwortete und sagte zu ihm: „Wenn 23
mich einer liebt, wird er mein Wort bewahren, und mein
Vater wird ihn lieben; und wir werden zu ihm kommen und
Wohnung bei ihm nehmen. Wer mich nicht liebt, wird mei- 24
ne Worte nicht bewahren. Und das Wort, das ihr hört, ist
nicht meines, sondern des Vaters, der mich gesandt hat.
Das habe ich zu euch geredet, während ich noch bei 25
euch war. Der Anwalt aber, der heilige Geist, den der Vater 26
in meinem Namen senden wird, der wird euch alles lehren
und euch erinnern an alles, was ich euch gesagt habe.
Frieden lasse ich euch zurück: Meinen Frieden gebe 27
ich euch. Nicht wie die Welt gibt, gebe ich euch! Euer Herz
erschrecke nicht und ängstige sich nicht. Ihr habt gehört, 28
daß ich euch sagte: Ich gehe weg und komme wieder zu
euch. Wenn ihr mich liebtet, würdet ihr euch freuen, daß ich
zum Vater gehe, weil der Vater größer ist als ich. Und nun 29
habe ich es euch gesagt, bevor es geschieht, damit ihr, wenn
es geschieht, glaubt. Nicht mehr viel werde ich mit euch 30
reden. Denn es kommt der Herrscher der Welt: und an mir
wird er nichts finden. Aber damit die Welt erkennt, daß ich 31
den Vater liebe; und so handle, wie mein Vater mir geboten
hat: Steht auf, laßt uns von hier weggehen!"

Bleibt ihr in mir, so bleibe ich in euch.

(15, 1-26)

15

„ICH BIN der wahre Weinstock, und mein Vater ist 1
der Winzer. Jede Rebe an mir, die nicht Frucht bringt, 2
schneidet er weg; und jede, die Frucht bringt, reinigt er, da-
mit sie mehr Frucht bringt. Ihr seid schon rein wegen des 3
Wortes, das ich zu euch geredet habe. Bleibt in mir, so blei- 4
be auch ich in euch. Wie die Rebe nicht fähig ist, Frucht zu
bringen von sich selbst aus, wenn sie nicht am Weinstock
bleibt, so auch ihr nicht, wenn ihr nicht in mir bleibt.
ICH BIN der Weinstock, ihr die Reben. Wer in mir 5
bleibt und ich in ihm, der bringt viel Frucht; denn ohne
mich könnt ihr nichts tun. Wenn einer nicht bleibt in mir, 6
wird er hinausgeworfen wie die Rebe und verdorrt, und
man sammelt sie zusammen und wirft sie ins Feuer, und sie
verbrennen.
Wenn ihr bleibt in mir, und meine Worte in euch blei- 7
ben, bittet, was immer ihr wollt, und es wird euch gesche-
hen. Darin ist mein Vater verherrlicht, daß ihr viel Frucht 8
bringt und werdet meine Jünger. Wie mein Vater mich ge- 9
liebt hat, so habe auch ich euch geliebt. Bleibt in meiner
Liebe! Wenn ihr meine Gebote bewahrt, werdet ihr bleiben 10
in meiner Liebe, wie ich die Gebote meines Vaters bewahrt
habe und bleibe in seiner Liebe. Das habe ich euch gesagt, 11
damit meine Freude in euch ist und eure Freude vollkom-
men wird. Das ist mein Gebot: daß ihr einander liebt, wie 12
ich euch geliebt habe. Größere Liebe hat niemand, als daß 13
einer sein Leben einsetzt für seine Freunde. Ihr seid meine 14
Freunde, wenn ihr tut, was ich euch gebiete. Nicht mehr 15

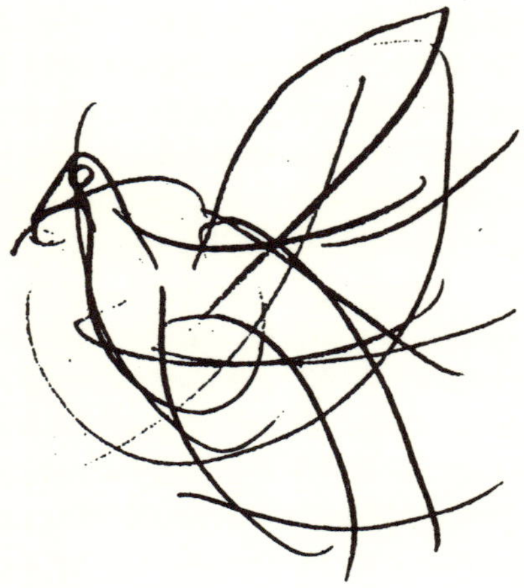

Zu 16, 5-14

Mit Jesu Rückkehr zu seinem Vater vollendet sich zugleich seine Sendung für die Seinen. Nur aus der vollkommenen Einheit von Vater und Sohn kann der Geist in der irdischen Kirche das wirken, was er wirken soll: lebendigen Glauben als gemeinsame Teilhabe an der in dieser Einheit vollkommenen Liebe Gottes. Indem der Geist so die Kirche zum Raum der gegenwärtigen Wahrheit macht, scheidet er damit zugleich die Welt mitsamt den Mächten des Bösen, die sie beherrschen, als Bereich der Unwahrheit aus. Daß die Welt, die Gott doch als ganze geliebt hat (3, 16), am Ende nicht als ganze Rettung findet, liegt daran, daß nur Glaubende gerettet werden können. Denn die Liebe zwingt niemanden zu sich. Der Unglaube dagegen ist einem Zwang verhaftet; er verwehrt die Freiheit zum Glauben. So kann sich diese Scheidung zwischen Kirche und Welt, zwischen Menschen in ein und demselben Hause vollziehen, ja sogar innerhalb der Seele eines einzelnen Christen.

Zu 16, 23-24

Wie Glaube durch Jesu Wort geweckt und bewahrt wird, so auch die Antwort des Glaubenden im Gebet. Das Gebet ist die Sprache des Glaubens. Seitdem der Glaube sich an den Auferstandenen richtet, der mit Gott eines ist, ist sein Name die Gewähr der Erhörung alles Betens. Darum lebt wahrer Glaube vom ständigen Beten-dürfen.

nenne ich Knechte, weil der Knecht nicht weiß, was sein
Herr tut. Euch aber habe ich Freunde genannt, weil ich
alles, was ich von meinem Vater gehört habe, euch mitge-
16 teilt habe. Nicht ihr habt mich erwählt, sondern ich habe
euch erwählt und euch gesetzt, daß ihr hingeht und Frucht
bringt, und eure Frucht bleibt; damit, was immer ihr den
17 Vater bittet in meinen Namen, er es euch gibt. Das gebiete
ich euch: daß ihr einander liebt.
18 Wenn die Welt euch haßt, erkennt, daß sie mich zu-
19 erst, vor euch, gehaßt hat. Wenn ihr von der Welt wäret,
würde die Welt ihr Eigenes liebhaben. Weil ihr aber nicht
von der Welt seid, sondern ich euch erwählt habe aus der
20 Welt heraus, darum haßt euch die Welt. Erinnert euch an
das Wort, das ich euch gesagt habe: Nicht ist ein Knecht grö-
ßer als sein Herr. Wenn sie mich verfolgt haben, werden sie
auch euch verfolgen. Wenn sie mein Wort bewahrt haben,
21 werden sie auch das eure bewahren. Aber dies alles werden
sie euch antun wegen meines Namens, weil sie den nicht
22 kennen, der mich gesandt hat. Wenn ich nicht gekommen
wäre und hätte zu ihnen geredet, hätten sie keine Sünde.
23 Nun aber haben sie keine Ausrede wegen ihrer Sünde. Wer
24 mich haßt, haßt auch meinen Vater. Wenn ich die Werke
nicht getan hätte unter ihnen, die niemand anderer getan
hat, hätten sie keine Sünde. Nun aber haben sie sie gesehen
und sind voller Haß gegen mich und gegen meinen Vater.
25 Aber es soll in Erfüllung gehen das Wort, das in ihrem
Gesetz geschrieben steht: „Sie haben mich gehaßt ohne
Ursache."
26 Wenn der Anwalt kommt, den ich euch senden werde
vom Vater her, der Geist der Wahrheit, der vom Vater aus-
27 geht, wird jener als Zeuge reden für mich. Auch ihr aber
seid Zeugen, weil ihr von Anfang an mit mir zusammen
seid."

(16, 1-33) **In der Welt habt ihr Angst; aber seid getrost: Ich habe die Welt besiegt!**

16 1 „Dies habe ich euch gesagt, damit ihr euch nicht be-
2 irren laßt. Aus den Synagogen werden sie euch hinauswer-
fen. Ja, es kommt die Stunde, daß jeder, der euch tötet, Gott
3 einen Dienst zu tun meint. Und das werden sie tun, weil sie
4 den Vater nicht erkannt haben und auch mich nicht. Aber
ich habe euch dies gesagt, damit ihr, wenn ihre Stunde
kommt, euch daran erinnert, daß ich es euch gesagt habe.
Das aber habe ich euch von Anfang an nicht gesagt,
5 weil ich mit euch zusammen war. Nun aber gehe ich zu
dem, der mich gesandt hat, und keiner von euch fragt mich:
6 Wohin gehst du? Sondern weil ich euch dies gesagt habe,
7 hat die Trauer euer Herz ausgefüllt. Aber ich sage euch die
Wahrheit: Es nützt euch, daß ich weggehe. Wenn ich näm-
lich nicht weggehe, wird der Anwalt nicht zu euch kommen.
8 Wenn ich aber gehe, werde ich ihn zu euch senden. Und
wenn jener kommt, wird er die Welt überführen der Sünde
9 und der Gerechtigkeit und des Gerichts: der Sünde, weil sie
10 nicht glauben an mich; der Gerechtigkeit, weil ich zum
11 Vater gehe und ihr mich nicht mehr sehen werdet; des Ge-
richts, weil der Herrscher dieser Welt gerichtet ist.
12 Noch vieles habe ich euch zu sagen; aber ihr könnt es
13 jetzt nicht tragen. Wenn aber jener kommt, der Geist der
Wahrheit, wird er euch den Weg führen in der Wahrheit
ganz und gar. Denn nicht von sich aus wird er reden, son-
dern, was er hören wird, wird er reden und euch das Kom-
mende künden. Er wird mich verherrlichen, weil er vom 14
Meinigen nehmen und es euch künden wird. Alles was der 15
Vater hat, ist mein; darum habe ich euch gesagt: Vom Meini-
gen nimmt er und wird es euch künden.
Kurze Zeit, und ihr werdet mich nicht mehr sehen; 16
und nochmals kurze Zeit, und ihr werdet mich sehen." Da 17
sagten einige von den Jüngern untereinander: „Was ist das,
was er uns sagt: Kurze Zeit, und ihr werdet mich nicht
sehen; und nochmals kurze Zeit, und ihr werdet mich
sehen, und: Ich gehe zum Vater –?" So sagten sie: „Was ist 18
das, was er da sagt: 'kurze Zeit' –? Wir wissen nicht, was er
redet!" Jesus erkannte, daß sie ihn fragen wollten, und sag- 19
te zu ihnen: „Darum redet ihr hin und her miteinander, weil
ich gesagt habe: Kurze Zeit, und ihr werdet mich nicht
sehen; und nochmals kurze Zeit, und ihr werdet mich
sehen? Amen, amen, ich sage euch: Ihr werdet weinen und 20
klagen, die Welt aber wird sich freuen. Ihr werdet Schmerz
erfahren; aber euer Schmerz wird zur Freude werden. 21
Eine Frau, wenn sie gebiert, hat Schmerzen, weil ihre
Stunde gekommen ist. Wenn sie aber das Kind geboren
hat, denkt sie nicht mehr an die Schmerzen wegen der
Freude, daß ein Mensch zur Welt geboren ist. So auch ihr: 22
Jetzt habt ihr Schmerz; aber ich werde euch wiedersehen,
und euer Herz wird sich freuen, und eure Freude wird
euch niemand nehmen. Und an jenem Tag werdet ihr mich 23
nichts mehr fragen.
Amen, amen, ich sage euch: Was immer ihr vom
Vater erbittet in meinem Namen, er wird es euch geben.
Bisher habt ihr nicht gebeten in meinem Namen. Bittet, 24
und ihr werdet empfangen, damit eure Freude vollkom-
men wird.
Das habe ich in Bilderreden euch gesagt. Es kommt 25
die Stunde, daß ich nicht mehr in Bildern zu euch reden,
sondern in Klarheit euch vom Vater verkündigen werde. In 26
jener Stunde werdet ihr in meinem Namen beten; und ich
sage nicht, daß ich den Vater für euch bitten werde. Denn er 27
selbst, der Vater, hat euch lieb, weil ihr mich geliebt und ge-
glaubt habt, daß ich von Gott gekommen bin. Vom Vater bin 28
ich ausgegangen und in die Welt gekommen: Ich verlasse
die Welt wieder und gehe zum Vater." Da sagen seine Jün- 29
ger: „Sieh, jetzt sprichst du in Klarheit; es ist kein Bild, was
du sagst. Jetzt wissen wir, daß du alles weißt und es nicht 30
nötig hast, daß jemand dich fragt. Darin glauben wir, daß
du von Gott gekommen bist." Jesus antwortete ihnen: „Jetzt 31
glaubt ihr? Sieh, es kommt die Stunde, und ist schon da, daß 32
ihr auseinandergerissen werdet, jeder in sein Eigenes, und
mich laßt ihr allein: Und ich bin nicht allein, weil der Vater
mit mir ist.
Das habe ich euch gesagt, damit ihr in mir Frieden 33
habt. In der Welt habt ihr Angst; aber seid getrost: Ich habe
die Welt besiegt.

Damit sie alle eines sind, wie wir, Vater, eines sind. (17, 1-26)

Dies redete Jesus und erhob seine Augen zum Him- 1 17
mel und sprach: „Vater, gekommen ist nun die Stunde: Ver-
herrliche deinen Sohn, damit dein Sohn dich verherrliche,
wie du ihm Vollmacht gegeben hast über alles Fleisch, 2

Zu 17, 1-16

Daß Jesu Tod die „Stunde" seiner Verherrlichung ist, seine Rückkehr in die innige Gemeinschaft mit seinem himmlischen Vater, das erweist sich darin, daß seine Abschiedsreden mit seinen Jüngern ausmünden in die Zwiesprache mit seinem Vater. Ihm sagt er, daß seine Sendung sich nun vollendet, weil er alles erfüllt hat, was sein Vater ihm aufgetragen hat. Durch ihn haben die Glaubenden teilgewonnen an seiner Nähe zum Vater. Nun bittet er den Vater, ihnen auf Erden diese Nähe zu bewahren und sie als die Seinen mitten in einer feindlichen Welt zu schützen. Er bittet zugleich für die Jünger aller folgenden Generationen. Sie sollen nicht nur zusammen mit den ersten Jüngern eine Kirche sein, sondern sollen alle gemeinsam teilhaben an seiner vollendeten Einheit mit Gott. Es ist ja die Liebe zwischen Gott und seinem Sohn, die diese Einheit fügt. So ist es auch die Liebe, durch die und in der die Christen aller Zeiten eine Kirche sind.

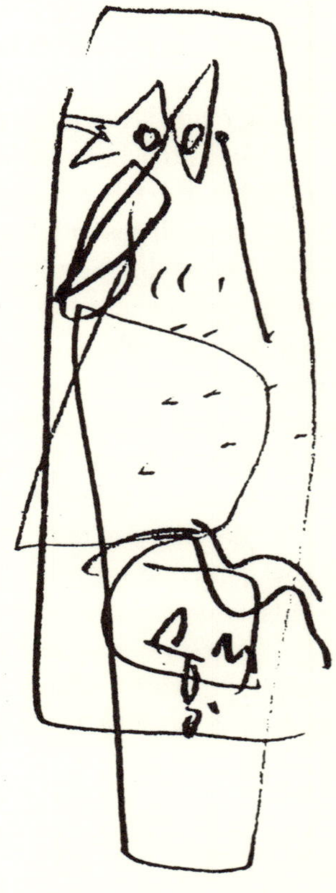

damit er ewiges Leben gebe allen, die du ihm gegeben hast.
3 Das aber ist das ewige Leben: daß sie dich erkennen, den al-
lein wahren Gott, und den du gesandt hast, Jesus Christus.
4 Ich habe dich verherrlicht auf Erden, indem ich das Werk
5 vollbracht habe, das du mir zu tun gegeben hast. Nun ver-
herrliche mich du, Vater, bei dir selbst in der Herrlichkeit,
6 die ich bei dir hatte, bevor die Welt war. Offenbar gemacht
habe ich deinen Namen den Menschen, die du mir aus der
Welt gegeben hast. Dein waren sie, und mir hast du sie gege-
7 ben, und dein Wort haben sie bewahrt. Nun haben sie er-
kannt, daß alles, was du mir gegeben hast, von dir kommt.
8 Denn die Worte, die du mir gabst, habe ich ihnen gegeben;
und sie haben sie angenommen und in Wahrheit erkannt,
daß ich aus dir gekommen bin, und geglaubt, daß du mich
9 gesandt hast. Ich bitte für sie. Nicht für die Welt bitte ich,
sondern für die, die du mir gegeben hast. Denn dein sind
10 sie, und alles, was mein ist, ist dein und das Deine ist mein,
11 und verherrlicht bin ich in ihrer Mitte. Ich bin nun nicht
mehr in der Welt, doch sie bleiben in der Welt, und ich kom-
me zu dir: Heiliger Vater, bewahre sie in deinem Namen,
12 den du mir gegeben hast, damit sie eines sind, wie wir. Als
ich bei ihnen war, war ich es, der sie bewahrte in deinem
Namen, den du mir gegeben hast; und behütet habe ich sie,
und keiner von ihnen ging verloren, außer dem, der der Ver-
13 lorenheit zugehört, damit die Schrift erfüllt werde. Nun
aber komme ich zu dir. Und ich sage das noch in der Welt,
damit sie meine Freude haben vollkommen in ihrer Mitte.
14 Ich habe ihnen dein Wort gegeben, und die Welt hat sie ge-
haßt, weil sie nicht von der Welt sind, wie ich nicht von der
15 Welt bin. Nicht bitte ich, daß du sie fortnimmst aus der Welt,
16 sondern daß du sie bewahrst vor dem Bösen. Sie sind nicht
17 von der Welt, wie ich nicht von der Welt bin. Heilige sie in
18 der Wahrheit: dein Wort ist die Wahrheit! Wie du mich ge-
19 sandt hast in die Welt, so sende auch ich sie in die Welt. Und
ich heilige mich für sie, damit auch sie geheiligt sind in der
Wahrheit.

20 Nicht aber für diese allein bitte ich dich, sondern
auch für die, die durch ihr Wort zum Glauben kommen an
21 mich, damit alle eines sind, wie du, Vater, in mir bist und ich
in dir, so sollen auch sie in uns sein, damit die Welt glaube,
22 daß du mich gesandt hast. Und ich habe die Herrlichkeit,
die du mir gabst, ihnen gegeben, damit sie eines sind, wie
23 wir eines sind: ich in ihnen, und du in mir, daß sie vollkom-
men eines sind, damit die Welt erkennt, daß du mich gesandt
24 hast und sie geliebt hast, wie du mich geliebt hast. Vater, ich
will, daß wo ich bin, auch die bei mir sind, die du mir gege-
ben hast, damit sie meine Herrlichkeit schauen, die du mir
gegeben hast, weil du mich geliebt hast vor Erschaffung der
25 Welt. Gerechter Vater, die Welt hat dich nicht erkannt, ich
aber habe dich erkannt, und diese hier haben erkannt, daß
26 du mich gesandt hast. Und ich habe ihnen deinen Namen
mitgeteilt und werde ihn mitteilen, damit die Liebe, mit der
du mich geliebt hast, in ihnen sei, und ich in ihnen.

(18, 1-19, 42)

Es ist vollbracht.

18 1 Als Jesus das gesagt hatte, ging er hinaus mit seinen
Jüngern, über den Bach Kidron, wo ein Garten war; dort
2 gingen sie hinein, er und seine Jünger. Es kannte aber auch
Judas, sein Verräter, den Ort, weil Jesus sich dort oft mit
seinen Jüngern versammelt hatte. Judas nun nahm Solda- 3
ten und einige Diener von den Hohenpriestern und von den
Pharisäern und kommt dorthin mit Fackeln und Lampen
und Waffen. Jesus nun, wissend, was alles auf ihn zukom- 4
men werde, trat heraus und sagte zu ihnen: „Wen sucht
ihr?“ Sie antworteten ihm: „Jesus, den aus Nazaret.“ Sagt 5
er zu ihnen: „Ich bin es.“ Es stand aber auch Judas, sein Ver-
räter, zusammen mit ihnen. Wie er nun zu ihnen sagte: „Ich 6
bin es“, wichen sie zurück und fielen zu Boden. Da fragte er 7
sie nochmals: „Wen sucht ihr?“ Sie aber sagten: „Jesus, den
aus Nazaret.“ Jesus antwortete: „Ich habe euch gesagt, daß 8
ich es bin. Wenn ihr also mich sucht, laßt die hier gehen.“ So 9
sollte das Wort erfüllt werden, das er gesagt hatte: „Die du
mir gegeben hast, von ihnen habe ich keinen verloren.“

Simon Petrus nun hatte ein Schwert und zog es und 10
schlug den Diener des Hohenpriesters und hieb ihm das
rechte Ohr ab. Der Name des Knechtes war Malchus. Da 11
sagte Jesus zu Petrus: „Steck dein Schwert in die Scheide!
Den Becher, den der Vater mir gegeben hat, sollte ich den
nicht trinken?“

Die Soldaten und der Hauptmann und die Diener der 12
Juden nahmen Jesus gefangen, fesselten ihn und brachten 13
ihn zuerst zu Hannas. Der war nämlich der Schwiegervater
des Kajafas, der in jenem Jahr der Hohepriester war.
Kajafas aber war der, der den Juden geraten hatte, es sei 14
nützlich, daß ein Mensch sterbe für das Volk.

Es folgten Jesus aber Simon Petrus und ein anderer 15
Jünger. Dieser Jünger war mit dem Hohenpriester bekannt
und kam so zusammen mit Jesus in den Palast des Hohen-
priesters hinein. Petrus aber blieb draußen an der Tür ste- 16
hen. Da kam der andere Jünger heraus, der Bekannte des
Hohenpriesters, sprach mit der Wache und führte Petrus
hinein. Da sagt die Magd, die die Tür bewachte, zu Petrus: 17
„Bist nicht auch du einer von den Jüngern dieses Men-
schen?“ Sagt er: „Nein“. Es standen aber die Knechte und 18
Diener am Feuer, das sie gemacht hatten, denn es war kalt,
und wärmten sich. Und Petrus stellte sich zu ihnen und
wärmte sich.

Der Hohepriester nun fragte Jesus nach seinen 19
Jüngern und nach seiner Lehre. Jesus antwortete ihm: „Ich 20
habe klar und öffentlich zur Welt geredet. Allezeit habe ich
gelehrt in der Synagoge und im Tempel, wo alle Juden zu-
sammenkommen, und im Verborgenen habe ich nichts ge-
redet: Was fragst du mich? Frag die, die gehört haben, was 21
ich zu ihnen geredet habe! Siehe, die wissen, was ich gesagt
habe.“ Als er dies gesagt hatte, gab einer der Diener, der da- 22
beistand, Jesus einen Schlag ins Gesicht und sagte: „So
antwortest du dem Hohenpriester?“ Jesus antwortete ihm: 23
„Wenn ich Falsches gesagt habe, bezeuge, was falsch ist!
Wenn es aber richtig ist, was schlägst du mich?“

Da sandte Hannas ihn gefesselt zu Kajafas, dem 24
Hohenpriester. Simon Petrus aber stand und wärmte sich. 25
Da sagen sie zu ihm: „Bist du nicht auch einer von seinen
Jüngern?“ Er leugnete und sagte: „Nein.“ Sagt einer der 26
Knechte des Hohenpriesters, ein Verwandter dessen, dem
Petrus das Ohr abgeschlagen hatte: „Habe ich dich nicht im
Garten gesehen, mit ihm zusammen?“ Wieder leugnete 27
Petrus – und sogleich schrie der Hahn.

Dann brachten sie Jesus von Kajafas zum Haus des 28
Statthalters. Es war frühmorgens. Und sie traten nicht ein

Dornbusch brennend

Zu 18, 33-38

Weltliche Herrschaft und Gottes Herrschaft stehen hier einander gegenüber. Pilatus will die Rolle des unparteilichen Richters spielen. Er beurteilt die Sache als eine innerjüdische Affäre, die nicht wert ist, vor ihm, dem Inhaber der Macht Roms, verhandelt zu werden. Durch Jesu Antwort wird er darin zunächst nur bestärkt. Denn was ist schon ein König, hinter dem keine Macht als bloß „die Wahrheit" steht, und: „Was ist Wahrheit" dort, wo es um die Macht geht? Daß er gerade mit dieser Frage Partei ergreift in der Auseinandersetzung zwischen Gott und Welt, wird ihm erst in der folgenden Konfrontation klar.

Zu 19, 5

„Siehe: der Mensch!" steht im Urtext. Das hat einen abgründigen Doppelsinn. Pilatus meint: „Da ist er, den ihr viel zu hoch einschätzt, bloß ein armer, schwacher Mensch ist er!" Hinter diesem forsch-verächtlichen Zuruf des Pilatus verbirgt sich aber die tiefe Wahrheit des Passion Jesu: Gottes Sohn steht hier tatsächlich als geschlagener, verhöhnter Mensch vor der aufgebrachten Menschenmenge, die seinen Tod verlangt. „Er war der Allerverachtetste und Unwerteste... so unwert, daß man das Angesicht vor ihm verbarg; darum haben wir ihn für nichts geachtet" (Jesaja 53, 3).

Zu 19, 9-17

Mit dem Erschrecken des Pilatus beginnt seine Einsicht, daß er sich als der Repräsentant des römischen Kaisers aus diesem Prozeß nicht heraushalten kann. Einerseits zwingen ihn die Ankläger, Jesus aus politischen Gründen zum Tode am Kreuz, der härtesten Strafe der römischen Besatzungsmacht, zu verurteilen. Andererseits verfängt sein Versuch in keiner Weise, diesen Angeklagten einzuschüchtern, indem er ihn auf die Macht hinweist, die ihm als Prokurator des Kaisers zusteht. Jesus hält ihm entgegen, daß auch die höchste weltliche Macht der Macht Gottes untersteht. Weil Gott die Kreuzigung seines Sohnes will, die die jüdischen Ankläger von Pilatus verlangen, nur darum hat Pilatus die Macht, das Todesurteil über ihn zu sprechen.

Zu 19, 25-27

„Der Jünger, den Jesus liebhatte," ist wohl deswegen durchweg ohne Namen (vgl. 13, 23 und später 20, 2; 21, 20-23), weil er alle Jünger der späteren Kirche symbolisch vertritt. Nur weil Jesus alle Seinen liebt (13, 1), kann dieser Namenlose als „der Jünger, den Jesus liebhatte" bezeichnet werden. Jesu Liebe bevorzugt ja nicht einen besonderen Jünger vor allen anderen. Wegen Kapitel 21, 24 hat man vom 2. Jahrhundert an in ihm den Jünger Johannes gesehen, doch wohl zu Unrecht (siehe die Anmerkung zu 21, 24). So gewinnt diese Szene unter dem Kreuz eine tiefe Bedeutung: Von seinem Kreuz herab, an dem Jesus für alle Seinen sein Leben hingibt, gibt er Maria, seiner Mutter, bleibende Heimat in der Mitte der Kirche aller Zeiten, indem er sie diesem Jünger an Sohnes statt anbefiehlt. Damit wird die Mutter des Sohnes Gottes zugleich zur Mutter seiner Kirche.

Zu 19, 34

Blut und Wasser symbolisieren hier die beiden Sakramente, Taufe und Abendmahl, die ihre Heilskraft aus der des Kreuzestodes Jesu haben.

Jesu Dornenkrone mit den beiden Schächern

in das Haus, um sich nicht unrein zu machen und das Passa
29 essen zu können. Da kam Pilatus heraus zu ihnen und sagt:
„Welche Anklage bringt ihr vor gegen diesen Menschen?“
30 Sie antworteten und sagten zu ihm: „Wenn dieser Mann
nichts Böses getan hätte, hätten wir ihn dir nicht überge-
31 ben!“ Da sagte Pilatus zu ihnen: „Nehmt ihr ihn und richtet
ihn nach eurem Gesetz!“ Da sagten die Juden zu ihm: „Uns
32 ist verboten, jemanden zu töten.“ So sollte das Wort Jesu
in Erfüllung gehen, das er gesagt hatte, um anzudeuten,
welches Todes er sterben werde.

33 Da ging Pilatus wieder hinein in das Prätorium,
rief Jesus und sagte zu ihm. „Du bist der König der
34 Juden?“ Jesus antwortete: „Sagst du dies von dir aus,
35 oder haben es dir andere über mich gesagt?“ Pilatus ant-
wortete: „Bin denn ich ein Jude? Dein eigenes Volk und
die Hohenpriester haben dich mir übergeben. Was hast
36 du getan?“ Jesus antwortete: „Mein Königreich ist nicht
von dieser Welt. Wäre es von dieser Welt, mein Königreich,
meine Diener würden kämpfen, daß ich den Juden nicht
übergeben würde. Nun aber ist mein Königreich nicht von
37 hier.“ Da sagte Pilatus zu ihm: „Also bist du ein König?“
Jesus antwortete: „Du sagst es, ich bin ein König! Ich
bin dazu geboren und dazu in die Welt gekommen, um für
die Wahrheit Zeuge zu sein. Jeder, der aus der Wahrheit
38 ist, hört meine Stimme.“ Sagt Pilatus zu ihm: „Was ist
Wahrheit?“

Und als er das gesagt hatte, kam er wieder heraus zu
den Juden und sagt zu ihnen: „Ich finde keinerlei Schuld an
39 ihm. Es gibt aber das Gewohnheitsrecht für euch, daß ich
euch zum Passa einen freilasse. Wollt ihr nun, daß ich euch
40 den König der Juden freilasse?“ Da schrien sie wieder und
sagten: „Nicht diesen hier, sondern Barabbas!“ Barabbas
aber war ein Gewalttäter.

19 1 Da nahm Pilatus Jesus und ließ ihn auspeitschen.
2 Und die Soldaten flochten einen Kranz aus Dornen und
setzten ihn ihm aufs Haupt, und legten ihm ein Purpurge-
3 wand an und kamen zu ihm und sagten: „Heil dir, du König
4 der Juden!“ und schlugen ihm ins Gesicht. Und Pilatus kam
wieder heraus und sagte zu ihnen: „Hier bringe ich ihn
euch heraus, damit ihr erkennt, daß ich keine Schuld an
5 ihm finde.“ Da kam Jesus heraus mit dem Dornenkranz
und dem Purpurgewand. Und er sagte zu ihnen: „Siehe, da
ist er: der Mensch!“

6 Als nun die Pharisäer und Diener ihn sahen, schrien
sie auf und sagten: „Kreuzige, kreuzige ihn!“ Sagt Pilatus zu
ihnen: „Nehmt ihr ihn und kreuzigt ihn; denn ich finde kei-
7 ne Schuld an ihm!“ Die Juden antworteten: „Wir haben ein
Gesetz, und nach diesem Gesetz muß er sterben, weil er
sich selbst zu Gottes Sohn gemacht hat.“

8 Als Pilatus dieses Wort hörte, erschrak er um so
9 mehr, kam wieder herein ins Prätorium und sagte zu Jesus:
10 „Woher bist du?“ Jesus aber gab ihm keine Antwort. Da sagt
Pilatus zu ihm: „Du redest nicht mit mir? Weißt du nicht,
daß ich Macht habe, dich freizulassen, und Macht habe,
11 dich zu kreuzigen?“ Jesus antwortete ihm: „Keinerlei
Macht hättest du gegen mich, wenn sie dir nicht von oben
gegeben wäre. Darum hat mein Verräter mehr Schuld als
12 du.“ Von da an suchte Pilatus ihn freizulassen. Die Juden
aber schrien und sagten: „Wenn du den hier freiläßt, bist du
nicht des Kaisers Freund! Jeder, der sich selbst zum König
macht, widerspricht dem Kaiser!“

Wie Pilatus diese Worte hörte, führte er Jesus heraus 13
und setzte sich auf den Richterthron, an einem Ort mit Na-
men Lithostratos, auf Hebräisch Gabbata. Es war aber der 14
Rüsttag zum Passa, um die sechste Stunde. Und er sagt zu
den Juden: „Seht: euer König!“ Da schrien jene: „Weg mit 15
ihm, weg mit ihm kreuzige ihn!“ Pilatus sagt zu ihnen:
„Euren König soll ich kreuzigen?“ Antworteten die Hohen-
priester: „Wir haben keinen König als nur den Kaiser!“ Da 16
übergab er ihnen Jesus, ihn zu kreuzigen.

Und sie übernahmen ihn. Und das Kreuz auf seinen 17
Schultern, ging er hinaus zur sogenannten „Schädelstätte“,
die auf Hebräisch Golgota heißt. Dort kreuzigten sie ihn, 18
und mit ihm zusammen zwei andere, links und rechts von
ihm, Jesus in der Mitte. Pilatus aber beschriftete eine Tafel 19
und heftete sie ans Kreuz; darauf war geschrieben: „Jesus
aus Nazaret, der König der Juden.“ Diese Tafel lasen viele 20
von den Juden; denn die Stätte, da Jesus gekreuzigt worden
war, lag nahe der Stadt. Und es war geschrieben auf Hebrä-
isch, Römisch und Griechisch. Da sagten die Hohenpriester 21
der Juden zu Pilatus: „Schreib nicht: ‚Der König der Juden‘,
sondern daß jener gesagt hat: ‚Ich bin ein König der
Juden‘!“ Pilatus antwortete: „Was ich geschrieben habe, 22
habe ich geschrieben.“

Die Soldaten nun, als sie Jesus gekreuzigt hatten, 23
nahmen seine Kleider und machten daraus vier Stücke,
jedem Soldaten ein Stück, und seinen Rock. Der Rock aber
war ohne Saum, von oben an gewebt durch und durch. Da 24
sagten sie zueinander: „Laßt uns den nicht zerschneiden,
sondern das Los werfen, wem er gehören soll!“ So sollte die
Schrift erfüllt werden, die da spricht: „Meine Kleider haben
sie unter sich geteilt, und um meinen Rock haben sie das
Los geworfen.“ Die Soldaten taten also.

Es standen aber bei Jesu Kreuz seine Mutter und die 25
Schwester seiner Mutter, Maria, Kleopas Frau, und Maria
aus Magdala. Als nun Jesus seine Mutter und den Jünger, 26
den er lieb hatte, bei ihm stehen sah, sagt er zu seiner Mut-
ter: „Frau, sieh: dein Sohn!“ Danach sagte er zu dem Jün- 27
ger: „Sieh: deine Mutter!“ Und von jener Stunde an nahm
der Jünger sie zu sich.

Danach, im Wissen, daß bereits alles vollendet war, 28
sagt Jesus, damit die Schrift erfüllt werde: „Mich dürstet.“
Da stand ein Gefäß, voll mit Essig. Und sie füllten einen 29
Schwamm mit Essig, steckten ihn auf ein Ysop-Rohr und
brachten es ihm zum Munde. Als Jesus den Essig schmeck- 30
te, sagte er: „Es ist vollbracht“ und neigte sein Haupt und
übergab Gott seinen Geist.

Die Juden nun, weil es der Rüsttag war, damit die 31
Leiber nicht am Kreuz hängen blieben am Sabbat – es war
nämlich der Große Sabbattag, – baten sie Pilatus, daß sie
die Beinknochen brechen und ihn abnehmen durften. Und 32
es kamen Soldaten und brachen die Beinknochen des er-
sten und des anderen mit ihm Gekreuzigten. Als sie aber zu 33
Jesus kamen, und sahen, daß er schon tot war, brachen sie
seine Knochen nicht, sondern einer von den Soldaten stieß 34
ihm mit seiner Lanze in die Seite, und sogleich kam Blut
und Wasser heraus. Und der das gesehen hat, ist Zeuge da- 35
für und sein Zeugnis ist wahr; und jener weiß, daß er die
Wahrheit sagt, damit auch ihr glaubt. Es geschah dies näm- 36
lich, damit die Schrift erfüllt werde: „Sie werden ihm keinen

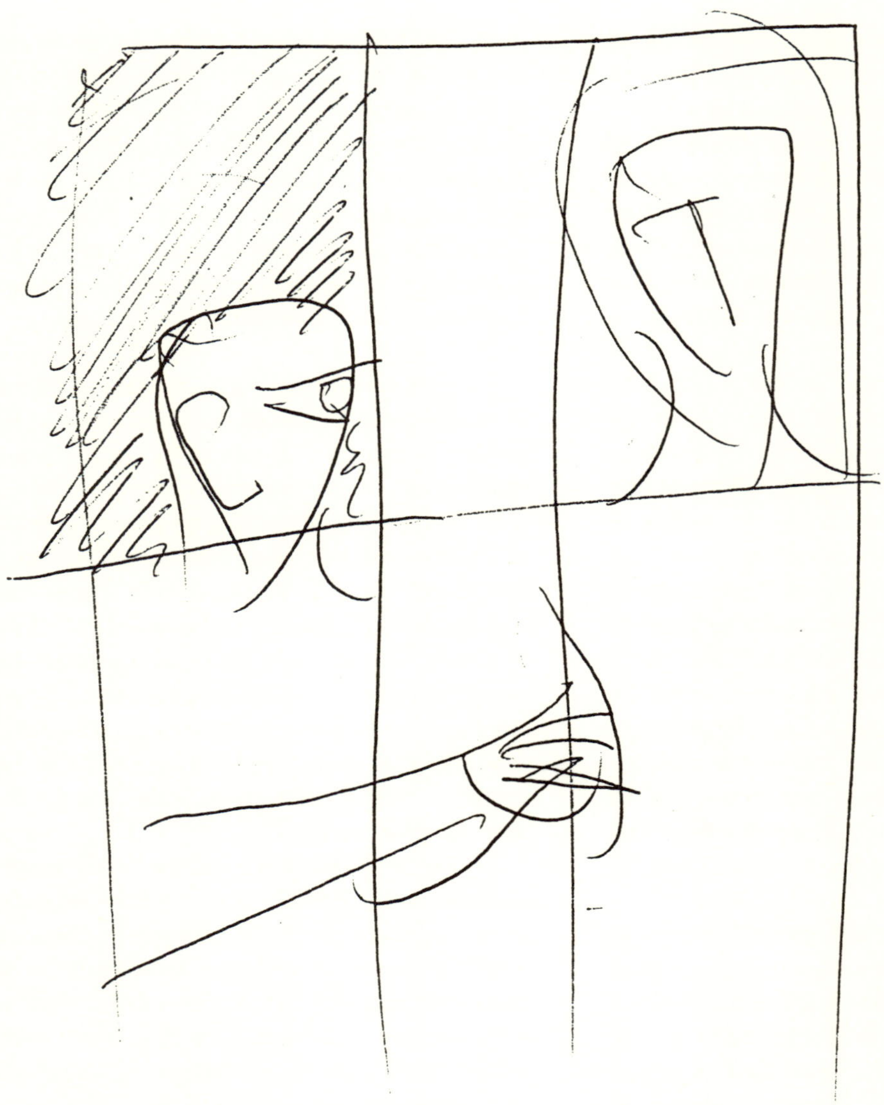

Zu 20, 3-9

Zu Simon Petrus gesellt sich hier der namenlose „Jünger, den Jesus liebhatte". Die Entdeckung des leeren Grabes Jesu ist zwar ein historisches Geschehen; aber seinen Sinn erkennt nur der Glaube, der in der Begegnung mit dem Auferstandenen entsteht und sich durch das prophetische Zeugnis des Alten Testaments bestätigen läßt. In diesem Sinne ist für die Kirche die Geschichte von der Entdeckung des leeren Grabes zum ersten und grundlegenden Osterevangelium geworden. In der Gestalt dieses namenlosen Jüngers ist hier die Kirche aller Zeiten zugegen; mit ihm „sieht und glaubt" sie an ihren auferstandenen Herrn und singt jubelnd in der Liturgie der Osternachtfeier: „Der Herr ist auferstanden – Er ist wahrhaftig auferstanden!"

Zu 20, 21-23

Der Auferstandene sendet seine Jünger, wie der Vater Ihn selbst gesandt hat. Er beruft sie als Apostel. Und wie Jesu Wort wirkkräftig war, weil es das Wort des Vaters war, der ihn gesandt hat, hat auch die Vergebung, die die Apostel einem Menschen zusprechen, die Kraft des Wortes Jesu. Ebenso aber auch die Versagung solcher Vergebung, so daß ein Mensch in der Wirklichkeit seiner Sünde „festgehalten" wird. Dies kann aber nicht definitiv das letzte Wort sein, weil bis zum letzten Tage jeder Mensch die Möglichkeit behält, zum Glauben an Jesus zu finden und darin Vergebung zu empfangen. Dieser Abschnitt des Johannesevangeliums liegt noch heute der Ordination der Pfarrer und Pfarrerinnen zugrunde. Ihr Amt wird von der Sendungsvollmacht und dem Friedens-Segen getragen, die Jesus seinen Jüngern als Aposteln gegeben hat.

37 Knochen brechen.“ Und noch eine weitere Schriftstelle
sagt: „Sie werden sehen, in wen sie gestochen haben.“
38 Danach bat Josef von Arimathia, der selbst ein Jün-
ger Jesu war, aber heimlich aus Furcht vor den Juden, den
Pilatus, daß er den Leib Jesu abnehmen dürfe. Und Pilatus
39 gab die Erlaubnis. Und er kam und nahm seinen Leib ab. Es
kam aber auch Nikodemus, der zuvor nachts zu ihm gekom-
men war, und brachte eine Mischung aus Myrrhe und Aloe,
40 hundert Liter. So nahmen sie den Leib Jesu ab und banden
ihn mit Linnen, zusammen mit wohlriechenden Ölen, wie
41 es die Beerdigungssitte bei den Juden ist. Es war aber an
der Stelle, wo er gekreuzigt worden war, ein Garten, und in
dem Garten ein neues Grab, in dem noch nie jemand gele-
42 gen hatte. Dort legten sie Jesus hinein, weil das Grab nahe
lag, wegen des Rüsttags der Juden.

(20, 1-29)

Friede sei mit euch!

20 1 Am ersten Tag der Woche aber kommt Maria aus
Magdala früh, als es noch dunkel war, zum Grab und sieht
2 den Stein weggerollt vom Grabe. Da läuft sie und kommt zu
Simon Petrus und zu dem anderen Jünger, den Jesus lieb
hatte, und sagt zu ihnen: „Sie haben den Herrn weggenom-
men aus dem Grab, und wir wissen nicht, wohin sie ihn
gelegt haben.“
3 Da gingen sie hinaus, Petrus und der andere Jünger,
4 und kamen zum Grab. Es liefen aber die beiden miteinan-
der; und der andere Jünger lief voraus, schneller als Petrus,
5 und kam als erster zum Grab, bückte sich hinein und sieht
6 die Linnen liegen; er ging aber nicht hinein. Da kommt nun
auch Simon Petrus, ihm folgend, und ging hinein in das
7 Grab und sieht die Linnen liegen, und das Schweißtuch, das
zu seinen Häupten war, nicht zusammen mit den Linnen
liegen, sondern abseits zusammengewickelt an besonderer
8 Stelle. Dann kam auch der andere Jünger herein, der als er-
9 ster zum Grab gekommen war, und sah und glaubte. Denn
sie wußten noch nichts vom Zeugnis der Schrift, daß er von
10 den Toten auferstehen muß. Dann gingen sie fort, zu den
anderen Jüngern zurück.
11 Maria aber stand am Eingang des Grabes, draußen,
und weinte. Wie sie so weinte, bückte sie sich hinein in
12 das Grab, und schaut zwei Engel, leuchtend hell, darin
sitzen, einer zu seinen Häupten und einer zu seinen Füßen,
13 wo der Leib Jesu gelegen hatte. Und sie sprechen zu ihr:
„Frau, warum weinst du?“ Sie sagt zu ihnen: „Sie haben
meinen Herrn weggenommen, und ich weiß nicht, wohin
14 sie ihn gelegt haben.“ Nach diesen Worten wandte sie
sich nach hinten um und sieht Jesus dastehen – und
15 sie wußte nicht, daß es Jesus ist. Jesus sagt zu ihr: „Frau,
warum weinst du? Wen suchst du?“ Sie, in der Meinung,
daß es der Gärtner sei, sagt zu ihm: „Herr, wenn du es
bist, der ihn weggebracht hat, so sag mir, wohin du ihn
16 gelegt hast, so will ich ihn holen.“ Sagt Jesus zu ihr:
„Maria!“ Sie wendet sich zu ihm hin und sagt auf Hebräisch
17 zu ihm: „Rabbuni“ (das heißt: Meister). Sagt Jesus zu ihr:
„Rühre mich nicht an! Denn den Weg hinauf zum Vater
habe ich noch nicht vollendet. Geh aber hin zu meinen
Brüdern und sag zu ihnen: Ich gehe hinauf zu meinem
Vater und zu eurem Vater, zu meinem Gott und zu eurem
18 Gott.“ Da kommt Maria Magdalena und meldet es den
Jüngern. „Ich habe den Herrn gesehen, und dies hat er
zu mir gesagt!“
Als es nun spät war an jenem ersten Wochentage, 19
und die Türen verschlossen waren dort, wo die Jünger
waren, aus Furcht vor den Juden, kam Jesus und trat in die
Mitte und sagt zu ihnen: „Friede sei mit euch!“ Und als er 20
das gesagt hatte, zeigte er ihnen seine Hände und seine
Seite. Da freuten sich die Jünger, als sie den Herrn sahen.
Da sagte Jesus nochmals zu ihnen: „Friede sei mit euch! 21
Wie mich der Vater gesandt hat, so sende ich euch.“ Und als 22
er das gesagt hatte, hauchte er sie an und sagt zu ihnen:
„Empfangt den heiligen Geist! Welchen Menschen ihr die 23
Sünde vergebt, denen sind sie vergeben; und welchen ihr
sie festhaltet, denen sind sie festgehalten.“
Thomas aber, einer von den Zwölfen, mit Namen 24
‚Zweifler‘, war nicht bei ihnen gewesen, als Jesus gekom-
men war. Da sagten die anderen Jünger zu ihm: „Wir haben 25
den Herrn gesehen!“ Er aber sagte zu ihnen: „Wenn ich
nicht sehe in seinen Händen die Nägelmale, und lege meine
Hand in seine Seite, werde ich nicht glauben!“ Und nach 26
acht Tagen waren seine Jünger wieder drinnen beieinander
und Thomas mit ihnen. Da kam Jesus bei verschlossenen
Türen und trat in die Mitte und sprach: „Friede sei mit
euch!“ Und dann sagt er zu Thomas: „Lege deinen Finger 27
hierher und sieh meine Hände, und strecke deine Hand aus
und lege sie in meine Seite, und sei nicht ungläubig, son-
dern gläubig!“ Thomas antwortete und sagte zu ihm: „Mein 28
Herr und mein Gott!“ Sagt Jesus zu ihm: „Weil du mich 29
gesehen hast, bist du zum Glauben gekommen? Selig, die
nicht sehen und glauben!“

Dies ist geschrieben, damit ihr glaubt.

(20, 30-31)

Noch viele andere Zeichen hat Jesus getan vor seinen 30
Jüngern, die in diesem Buch nicht geschrieben sind. Diese 31
aber sind geschrieben, damit ihr glaubt, daß Jesus der
Christus ist, Gottes Sohn, und damit ihr als Glaubende
Leben habt kraft seines Namens.

Weide meine Schafe!

(21, 1-23)

Danach offenbarte Jesus sich nochmals seinen Jün- 1 21
gern am Meer von Tiberias. Er offenbarte sich aber so: Es 2
waren beieinander Simon Petrus und Thomas, genannt der
Zweifler, und Natanael von Kana in Galiläa, und die Söhne
des Zebedäus und zwei andere von seinen Jüngern. Sagt
Simon Petrus zu ihnen: „Ich gehe fischen.“ Sie sagen zu 3
ihm: „Auch wir kommen mit dir.“ Sie kamen heraus und
stiegen ins Boot, und in jener Nacht fingen sie nichts. Als es 4
schon dämmerte, stand Jesus am Ufer; doch die Jünger
wußten nicht, daß es Jesus war. Da sagt Jesus zu ihnen: 5
„Kinder, habt ihr etwas zu essen?“ Sie antworteten ihm:
„Nein.“ Er aber sagte zu ihnen: „Werft das Netz zur rechten 6
Seite des Bootes aus, so werdet ihr finden.“ Sie warfen es
aus – und vermochten es nicht mehr zu ziehen vor der Men-
ge von Fischen. Da sagt jener Jünger, den Jesus lieb hatte, 7
zu Petrus: „Es ist der Herr!“ Als Simon Petrus hörte, daß es
der Herr sei, legte er sein Obergewand an, denn er war
nackt, und warf sich ins Wasser. Die anderen Jünger kamen 8
im Boot, denn sie waren nicht weit weg vom Lande, nur

Zu 21, 15-23

Das 21. Kapitel ist ein Nachtrag. Die Neuberufung des Petrus steht hier in der Mitte. Wie Jesus selbst der Gute Hirte ist (10, 11-16), so beruft er als Auferstandener Simon, den er zu Anfang in seine Nachfolge berufen hat (1, 41-42), zum Hirten seiner Herde. Entscheidend ist, daß Petrus diesen Dienst tut aus einer Liebe zu Jesus, die sich bis in den Kreuzestod, der auch ihn erwartet, bewährt. Zuvor war seine Bereitschaft, für seinen Herrn sein eigenes Leben einzusetzten (13, 37), in der dreifachen Verleugnung alsbald zusammengebrochen (18, 17. 25-27). Darum nun die dreifache Wiederholung der Frage: „Simon, Johannes' Sohn, liebst du mich?".

Daß der namenlose Jünger, „den Jesus liebhatte", im Unterschied zum Märtyrerhirten Petrus, „bleibt, bis Jesus kommt", gewinnt einen tiefen Sinn, wenn dieser Jünger alle Jünger der späteren Kirche repräsentiert. Dann verbirgt sich in diesem Rätselwort die Verheißung des Auferstandenen für seine Kirche, daß „auch die Tore der Hölle sie nicht überwältigen werden" (Matthäus 16, 18).

Zu 21, 24

„Der Jünger, den Jesus liebhatte", wird am Schluß als der Verfasser des Johannesevangeliums herausgestellt: als Bürge für seine Wahrheit. So übergibt die Kirche des Anfangs das Zeugnis von Jesus, dem Sohn Gottes, allen weiteren Generationen, die auf die Wahrheit des ihr von den Aposteln überlieferten Evangeliums angewiesen sind und bleiben.

etwa zweihundert Schritt, und schleppten das Netz mit den
Fischen.
9 Als sie nun an Land gingen, sehen sie Kohle gelegt
10 und darauf Fisch und Brot. Jesus sagt zu ihnen: „Bringt her
11 von den Fischen, die ihr eben gefangen habt!“ Da stand
Simon Petrus auf und zog das Netz an Land, voll von großen
Fischen, einhundertdreiundfünfzig. Und trotz dieser gro-
12 ßen Menge riß das Netz nicht. Da sagt Jesus zu ihnen:
„Kommt her, laßt uns essen!“ Keiner aber von seinen Jün-
gern wagte es, ihn zu fragen: „Wer bist Du?“ Sie wußten,
13 daß es der Herr war. Jesus kommt und nimmt das Brot und
14 gibt es ihnen, und den Fisch ebenso. Dies war nunmehr das
dritte Mal, daß Jesus sich seinen Jüngern offenbarte, auf-
erstanden von den Toten.
15 Als sie nun gegessen hatten, sagt Jesus zu Simon
Petrus: „Simon, Johannes Sohn, liebst du mich mehr als
diese hier?“ Sagt er zu ihm: „Ja, Herr, du weißt, daß ich dich
16 liebhabe.“ Sagt er zu ihm: „Weide meine Lämmer!“ Sagt er
nochmals zu ihm: „Simon, Johannes Sohn, liebst du mich?“
Sagt er zu ihm: „Ja, Herr, du weißt, daß ich dich liebhabe.“
17 Sagt er zu ihm: „Weide meine Schafe!“ Zum dritten Mal sagt
er zu ihm: „Simon, Johannes Sohn, hast du mich lieb?“
Petrus wurde betrübt, daß er zum dritten Mal ihn fragte:
„Hast du mich lieb?“ und sagte: „Herr, du weißt alles – du
weißt, daß ich dich liebhabe!“ Sagt Jesus zu ihm: „Weide
18 meine Schafe! Amen, amen, ich sage dir: Als du jünger
warst, gürtetest du dich und zogst, wohin du wolltest. Wenn
du aber alt geworden bist, wirst du deine Hände ausstrek-
ken, und ein anderer wird dich gürten und führen, wohin
du nicht willst!“ Das sagte er aber, um anzudeuten, mit 19
welchem Tode er Gott preisen werde.
Und als er das gesagt hatte, sagt er zu ihm: „Folge
mir!“ Wie Petrus sich umwendet, sieht er den Jünger, den 20
Jesus liebhatte, ihm folgen, der auch beim Mahl an Jesu
Brust gelegen und gefragt hatte: „Herr, wer ist es, der dich
verraten wird?“ Wie Petrus ihn sah sagte er zu Jesus: „Herr, 21
was ist mit ihm?“ Sagt Jesus zu ihm: „Wenn ich will, daß er 22
bleibt, bis ich komme, was geht es dich an? Du folge mir!“
Daher kam die Rede zu den Jüngern: „Dieser Jünger stirbt 23
nicht.“ Doch Jesus hatte nicht zu ihm gesagt, daß er nicht
sterben werde, sondern: „Wenn ich will, daß er bleibt, bis
ich komme, was geht es dich an?“

Dieses Zeugnis ist wahr. (21, 24-25)

Dies ist der Jünger, der all dies bezeugt und es aufge- 24
schrieben hat. Und wir wissen, daß sein Zeugnis wahr ist.
Es ist aber noch vieles andere, was Jesus getan hat. Würde 25
dies alles einzeln aufgeschrieben, ich glaube, die ganze
Welt würde die Bücher, die zu schreiben wären, nicht
fassen.

Erläuterungen

Zu 1, 1-10

Jesus ist das „Wort des Lebens". Deutlich nimmt Johannes hier den Eingang des Evangeliums auf (Joh 1, 1-18), zugleich aber auch einen Text aus dem Gottesdienst, in dem „das Wort des Lebens" selbst in seiner Verkündigung gegenwärtig ist. So schafft der christliche Gottesdienst eine Gemeinschaft, die tiefer begründet ist als alle Gemeinschaft unter Menschen sonst: Jesus verbindet uns mit ihm selbst; und aus dieser Einheit mit ihm entsteht die „Gemeinschaft der Heiligen", die wir glauben. Heilige sind wir allein durch Jesus als eine Gemeinschaft von Sündern, die durch seinen Kreuzestod für uns von aller Sünde frei werden. Und diese Vergebung wird uns im Abendmahl geschenkt: „Wer mein Fleisch ißt und trinkt mein Blut, bleibt in mir und ich in ihm" (Joh 6, 56).

Zu 2, 1-11

So sehr Gemeinschaft mit Jesus das Geschenk seiner vergebenden Liebe ist, so sehr verwirklicht sich diese Gemeinschaft im Tun gegenseitiger Liebe. Denn indem Jesus sich selbst schenkt, bewegt er uns zur Liebe, die er ist (4, 16!).

Zu 2, 12-14

Gemeinschaft mit Jesus baut Brücken zwischen den Generationen. Väter und Söhne sind miteinander Gottes Kinder. Kirche darf darum nie zu einer vaterlosen Gesellschaft werden, aber auch nie zu einer patriarchalischen.

Zu 2, 18-27

Mit dem „Salböl" ist Gottes Geist gemeint, den Christen bei ihrer Taufe empfangen. Er ist der Geist des Vaters und des Sohnes. Christen können an Gott nur wahrhaft glauben, wenn sie an Jesus glauben; der Glaube an Jesus aber ist nur wahr im Glauben an Gott. Vereinseitigungen nach der einen wie nach der anderen Seite ruinieren den Glauben. In der Kirche aller Zeiten gilt es darum, wach zu sein gegenüber Verzerrungen in beiderlei Richtungen.

(1, 1-4) **Gemeinschaft mit Jesus Christus, dem Wort des Lebens.**

1 1 Was im Anfang war; was wir gehört haben; was wir
mit unseren Augen gesehen haben; was wir geschaut und
unsere Hände berührt haben, „das Wort des Lebens" –
2 *„und das Leben ist erschienen,*
und wir haben es gesehen
und bezeugen und künden es euch:
das ewige Leben,
das beim Vater war
und euch offenbart wurde" –
3 was wir gesehen und gehört haben, verkündigen wir
auch euch, damit auch ihr Gemeinschaft habt zusammen
mit uns. Und unsere Gemeinschaft ist die mit dem Vater und
4 mit seinem Sohn Jesus Christus. Und dies schreiben wir,
damit unsere Freude vollkommen ist.

(1, 5-10) **Gemeinschaft der Sünder im Licht des Lebens.**

5 Und dies ist die Kunde, die wir von Ihm gehört haben
und euch künden: Gott ist Licht, und Finsternis ist in Ihm
nicht.
6 Wenn wir sagen: „Wir haben Gemeinschaft mit
Ihm", und im Finstern unseren Weg gehen, lügen wir und
7 tun nicht die Wahrheit. Wenn wir im Licht unseren Weg
gehen, wie Er selbst im Licht ist, haben wir Gemeinschaft
miteinander, und das Blut Jesu, Seines Sohnes, reinigt uns
von aller Sünde.
8 Wenn wir sagen: „Wir haben keine Sünde", ver-
9 irren wir uns, und die Wahrheit ist nicht in uns. Wenn
wir unsere Sünden bekennen, ist Er treu und gerecht,
daß Er uns die Sünden vergibt und reinigt uns von aller
10 Ungerechtigkeit. Wenn wir sagen: „Wir haben nicht ge-
sündigt", machen wir Ihn zum Lügner, und Sein Wort ist
nicht in uns.

(2, 1-6) **Christus erkennen, heißt seine Gebote halten.**

2 1 Meine Kinder, das schreibe ich euch, damit ihr nicht
sündigt. Und wenn einer sündigt, haben wir einen Anwalt
2 beim Vater, Jesus Christus, den Gerechten: Und Er ist die
Sühne für unsere Sünden, nicht allein für unsere eigenen,
sondern für die ganze Welt.
3 Und daran erkennen wir, daß wir Ihn erkannt
4 haben: wenn wir Seine Gebote halten. Wer sagt: „Ich habe
Ihn erkannt", und Seine Gebote nicht hält, ist ein Lügner,
5 und in dem ist die Wahrheit nicht. Wer aber Sein Wort
bewahrt, in dem ist wirklich Gottes Liebe zu ihrem Ziel ge-
6 kommen. Daran erkennen wir, daß wir in Ihm sind. Wer
sagt, er sei bleibend in Ihm, ist verpflichtet, den Weg, den Er
gegangen ist, auch selbst zu gehen.

(2, 7-11) **Das neue Gebot der Liebe ist die Wahrheit des alten.**

7 Ihr Lieben, nicht ein neues Gebot schreibe ich euch,
sondern das alte Gebot, das ihr von Anfang an gehabt habt.
8 Das alte Gebot ist das Wort, das ihr gehört habt. Als neues
Gebot schreibe ich euch wiederum, was in Ihm wahr ist und
so auch in euch: „Die Finsternis vergeht, und das wahre
Licht scheint schon jetzt."

Wer sagt, er sei im Licht, und haßt seinen Bruder, ist 9
in der Finsternis bis jetzt. Wer seinen Bruder liebt, bleibt im 10
Licht, und ein Herausfallen gibt es in ihm nicht. Wer aber 11
seinen Bruder haßt, in dem ist es finster, und er geht seinen
Weg im Finstern und weiß nicht, wohin er geht, weil die
Finsternis seine Augen blind gemacht hat.

Väter und Söhne in Gemeinschaft mit Gott. (2, 12-17)

Ich schreibe euch, Kinder: Euch sind die Sünden ver- 12
geben kraft Seines Namens. Ich schreibe euch, Väter: Ihr 13
habt Den erkannt, der von Anfang an ist. Ich schreibe euch,
ihr Jungen: Ihr habt den Sieg erlangt über den Bösen. Ich 14
habe euch geschrieben, Kinder: Ihr habt den Vater erkannt.
Ich habe euch geschrieben, Väter: Ihr habt Den erkannt,
der von Anfang an ist. Ich habe euch geschrieben, ihr
Jungen: Ihr seid stark, und Gottes Wort bleibt in euch, und
ihr habt den Sieg erlangt über den Bösen.
Liebt nicht die Welt und was in der Welt ist! Wenn 15
jemand die Welt liebt, ist die Liebe des Vaters nicht in ihm.
Denn alles, was in der Welt ist, die Begierde des Fleisches 16
und die Begierde der Augen und die Prahlerei mit dem
Reichtum, ist nicht vom Vater, sondern von der Welt. Und 17
die Welt vergeht samt ihrer Begierde. Wer aber den Willen
Gottes tut, bleibt in Ewigkeit.

Warnung vor den Lehrern des Gegenchristus. (2, 18-27)

Kinder, letzte Stunde ist es! Und wie ihr gehört habt, 18
daß der Gegen-Christus kommt, so sind jetzt auch viele
Gegen-Christi am Werk. Daraus erkennen wir, daß es letzte
Stunde ist. Von uns sind sie ausgegangen; aber sie waren 19
nicht von uns. Denn wenn sie von uns wären, wären sie in
Gemeinschaft mit uns geblieben. Aber es sollte offenbar
werden, daß nicht alle von uns sind. Und ihr habt das Salböl 20
von dem Heiligen und wißt es alle. Nicht habe ich euch ge- 21
schrieben, daß ihr die Wahrheit nicht wißt, sondern daß ihr
sie wißt; und daß alle Lüge nicht aus der Wahrheit ist. Wer 22
ist der Lügner, wenn nicht der, der leugnet, daß Jesus der
Christus ist! Das ist der Gegen-Christus: der den Vater und
den Sohn leugnet. Jeder, der den Sohn leugnet, hat auch 23
den Vater nicht. Wer den Sohn bekennt, hat auch den Vater.
Ihr: Was ihr von Anfang an gehört habt, das bleibe in euch. 24
Wenn in euch bleibt, was ihr von Anfang an gehört habt, so
werdet ihr auch im Sohn und im Vater bleiben. Und das ist 25
die Verheißung, die Er selbst uns verheißen hat: das ewige
Leben.
Das habe ich euch geschrieben über die, die euch 26
irreführen. Und ihr: Das Salböl, das ihr von Ihm empfangen 27
habt, bleibt in euch. Ihr habt es nicht nötig, daß euch
jemand belehrt; sondern wie Sein Salböl euch über alles
belehrt und es wahr ist und kein Lügner, und wie es euch
gelehrt hat, so bleibt in Ihm!

Die Zukunft der Kinder Gottes (2, 28-3, 3)

Und nun, Kinder: Bleibt in Ihm, damit wir, wenn Er 28
offenbar wird, Freimut haben und nicht von Ihm beschämt
werden bei Seiner Ankunft! Wenn ihr wißt, daß Er gerecht 29
ist, erkennt ihr, daß jeder, der die Gerechtigkeit tut, aus Ihm
gezeugt ist.

Zu 3, 1-3

Gottes Kinder zu sein – mehr kann es für Christen nicht geben. Aber im Christsein auf Erden ist dies nur zu glauben, nicht zu sehen (vgl. Joh 20, 29). Denn wirklich ist es nur in Jesus, dem einen Sohn Gottes. Wir sind Gottes Kinder, weil wir mit Gottes Sohn unlöslich verbunden sind. Aber wie Jesus selbst erst in seiner Auferweckung und Erhöhung in die Herrlichkeit seines himmlischen Vaters eingegangen ist, die ihn unsichtbar in all seinem irdischen Reden und Wirken geleitet und getragen hat, so werden wir schauen, was wir jetzt glauben, wenn er uns nach unserem Tode in der strahlenden Wirklichkeit ewigen Lebens entgegentreten und in unsere himmlische „Wohnung" bringen wird (vgl. Joh 14, 1-3). Denn dann werden wir ihn sehen, wie er ist: eins mit Gott.

Zu 3, 11-18

Die Liebe zueinander ist das einzige im christlichen Leben, was an sich selbst ewig ist: weil Gott die Liebe ist (4, 16), und weil Gottes Sohn uns so sehr geliebt hat, daß er am Kreuz sein eigenes Leben, ganz, für uns eingesetzt hat (vgl. Joh 15, 13). Darum kann es für Christen auch kein anderes Kriterium für die Liebe zueinander geben als dies: das eigene Leben einzusetzen für die Schwestern und Brüder.

Zu 3, 19-24

Unser Herz zur Ruhe bringen, wenn es uns verklagt, das kann kein Mensch aus eigenem Vermögen. Allein Gott kann es. Und er tut es, weil wir zu Gottes Sohn gehören; und wenn wir ihn im Namen Jesu darum bitten – vor allem im Gebet der Liebe, der Fürbitte füreinander. „Unruhig ist unser Herz, bis es Ruhe findet in Dir, o Gott!" (Augustinus, Bekenntnisse I, 1).

Zu 4, 7-16

„Unser Glaube an die Liebe und unser Lieben, wie Er liebt, müssen sich immer wieder neu nähren und entzünden an der Stelle, an welcher uns die größte Liebe begegnet, an welcher sie uns anschaut, an welcher sie für uns ganz konkret wird und uns dort einholt, wo wir sind. Und hier ist der Punkt, an dem wir das Geheimnis Jesu entdecken dürfen, der uns bis dahin geliebt hat, daß er allen Schmerz unserer Trennung von Gott, unserer Ferne von Gott, unserer Gottverlassenheit mit uns teilt und für uns trägt. Hier ist in der Tat der Punkt, in dem sich die Wege des dreifaltigen Gottes und die Wege der Menschheit kreuzen und vereinen." (K. Hemmerle, Wegmarken der Einheit, München 1982, S. 33)

3 1 Seht, welche Liebe der Vater uns gegeben hat, daß
wir Gottes Kinder heißen – und es auch sind. Deswegen
erkennt die Welt uns nicht: weil sie Ihn nicht erkannt
2 hat. Ihr Lieben, jetzt sind wir Gottes Kinder. Und noch
ist nicht offenbar geworden, was wir sein werden. Wir
wissen aber: Wenn Er offenbar werden wird, werden
wir Ihm gleich sein; denn wir werden Ihn sehen, wie Er
3 ist. Jeder, der diese Hoffnung auf Ihn hat, heiligt sich,
wie Er heilig ist.

(3, 4-10) **Das Tun der Kinder Gottes und der Kinder des Teufels.**

4 Jeder, der Sünde tut, begeht auch Gesetzesbruch;
5 und die Sünde ist Gesetzesbruch. Und ihr wißt: Er ist
erschienen, um die Sünden wegzutragen; in Ihm ist keine
6 Sünde. Jeder, der in Ihm bleibt, sündigt nicht. Jeder, der
sündigt, hat Ihn nicht gesehen und Ihn nicht erkannt.
7 Kinder, es führe euch niemand irre! Wer die Gerech-
8 tigkeit tut, ist gerecht, wie Er gerecht ist. Wer die Sünde tut,
ist vom Teufel; denn von Anfang an sündigt der Teufel. Dazu
ist der Sohn Gottes erschienen, daß Er zerstöre die Werke
9 des Teufels. Jeder, der aus Gott gezeugt ist, tut keine Sünde,
weil Sein Same in ihm bleibt; und er kann nicht sündigen,
10 weil er aus Gott gezeugt ist. Darin ist offenbar, wer die
Kinder Gottes sind und die Kinder des Teufels: Jeder, der
nicht Gerechtigkeit tut, ist nicht aus Gott, – und wer seinen
Bruder nicht liebt.

(3, 11-18) **Die Liebe schließt allen Haß aus.**

11 Denn das ist die Botschaft, die ihr von Anfang an ge-
12 hört habt: daß ihr einander lieben sollt. Nicht wie Kain, der
aus dem Bösen war und ermordete seinen Bruder! Und
weswegen ermordete er ihn? Weil seine Werke böse waren,
aber die Werke seines Bruder gerecht.
13 Wundert euch nicht, Brüder, wenn euch die Welt
14 haßt! Wir wissen, daß wir aus dem Tod hinüber ins Leben
gelangt sind, weil wir die Brüder lieben. Wer nicht liebt,
15 bleibt im Tod. Jeder, der seinen Bruder haßt, ist ein Men-
schenmörder. Und ihr wißt: Jeder Menschenmörder hat
nicht ewiges Leben bleibend in sich.
16 Daran haben wir die Liebe erkannt: daß Er für uns
sein Leben eingesetzt hat. Und auch wir sollen unser Leben
17 für die Brüder einsetzen. Wer immer Reichtum der Welt hat
und sieht seinen Bruder notleiden und schließt sein Herz
18 vor ihm zu, – wie sollte Gottes Liebe in ihm bleiben? Kinder,
liebt nicht mit dem Wort noch mit der Zunge, sondern in
Werk und Wahrheit!

(3, 19-24) **Gott ist größer als unser Herz.**

19 Und daran werden wir erkennen, daß wir aus der
Wahrheit sind, und werden vor Ihm unser Herz zur Ruhe
20 bringen: Wenn unser Herz uns verurteilt, ist Gott größer als
21 unser Herz und erkennt alles. Ihr Lieben, wenn unser Herz
22 uns nicht verurteilt, haben wir Freimut zu Gott; und was
immer wir bitten, empfangen wir von Ihm, weil wir Seine
23 Gebote halten und tun, was Ihm wohlgefällig ist. Und das ist
Sein Gebot: daß wir glauben an den Namen Seines Sohnes
Jesus Christus und einander lieben, wie Er es uns als Sein
24 Gebot gegeben hat. Und wer Seine Gebote hält, bleibt in
Ihm und Er in ihm. Und daran erkennen wir, daß Er in uns
bleibt: an dem Geist, den Er uns gegeben hat.

Das Bekenntnis zu Jesus Christus als Kriterium der Geister. (4, 1-6)

Ihr Lieben, glaubt nicht jedwedem Geist, sondern 1 4
prüft die Geister, ob sie aus Gott sind! Denn viele Falsch-
propheten sind in der Welt hervorgetreten. Daran erkennt 2
ihr den Geist Gottes: Jeder Geist, der bekennt: „Jesus Chri-
stus, ins Fleisch gekommen“, ist aus Gott. Und jeder Geist, 3
der nicht Jesus bekennt, ist nicht aus Gott. Und das ist der
Geist des Gegen-Christus, von dem ihr gehört habt, daß er
kommen wird, und nun ist er schon in der Welt. Ihr seid aus 4
Gott, Kinder, und habt den Sieg über sie erlangt. Denn der
in euch ist, ist größer, als der in der Welt. Sie sind aus der 5
Welt, darum reden sie aus der Welt, und die Welt hört auf
sie. Wir sind aus Gott. Wer Gott kennt, hört auf uns; wer 6
nicht aus Gott ist, hört uns nicht. Daraus erkennen wir den
Geist der Wahrheit und den Geist der Irreführung.

Die Sendung des Sohnes als Offenbarungstat der Liebe des Vaters. (4, 7-10)

Ihr Lieben, laßt uns einander lieben! Denn die Liebe 7
ist aus Gott, und jeder, der liebt, ist aus Gott gezeugt und
kennt Gott. Wer nicht liebt, hat Gott nicht erkannt; denn 8
Gott ist Liebe. Darin ist Gottes Liebe offenbart worden in 9
uns: daß Gott seinen Sohn, den Einzigen, in die Welt ge-
sandt hat, damit wir durch Ihn leben sollen. Darin besteht 10
die Liebe: nicht daß wir Gott geliebt haben, sondern daß Er
uns geliebt und Seinen Sohn gesandt hat als Sühne für
unsere Sünden.

Das Bekenntnis zu Jesus kommt aus Gottes Liebe in uns. (4, 11-16)

Ihr Lieben, wenn Gott uns so sehr geliebt hat, sind 11
auch wir es schuldig, einander zu lieben. Gott hat nie 12
jemand geschaut. Wenn wir einander lieben, bleibt Gott in
uns, und Seine Liebe ist in uns vollkommen da. Daran er- 13
kennen wir, daß wir in Ihm bleiben und Er in uns: daß Er
uns von Seinem Geist gegeben hat. Und wir haben geschaut 14
und bezeugen es, daß der Vater den Sohn gesandt hat als
Retter der Welt. Wer immer bekennt, daß Jesus der Sohn 15
Gottes ist, in dem bleibt Gott und er in Gott. Und wir haben 16
erkannt und geglaubt die Liebe, die Gott in uns hat. Gott ist
Liebe; und wer in der Liebe bleibt, bleibt in Gott, und Gott
bleibt in ihm.

Die Liebe macht frei von Furcht und frei für den Bruder. (4, 17-21)

Darin ist die Liebe vollkommen zu ihrem Ziel gekom- 17
men bei uns: daß wir Freimut haben am Tage des Gerichts.
Denn wie Er in dieser Welt ist, so sind es auch wir. Furcht ist 18
nicht in der Liebe; sondern die vollkommene Liebe treibt
die Furcht aus. Denn die Furcht hat es mit Strafe zu tun; wer
sich fürchtet, ist nicht vollkommen in der Liebe. Wir, – laßt 19
uns lieben, denn Er hat uns als Erster geliebt. Wenn einer 20
sagt: ‚Ich liebe Gott‘ und haßt seinen Bruder, ist er ein
Lügner. Denn wer seinen Bruder nicht liebt, den er sehen
kann, kann Gott, den er nicht sehen kann, nicht lieben. Und 21

Zu 5, 5-8

Die „drei Zeugen" der letzten Wahrheit, die wir glauben, wenn wir an Gott glauben, sind: das Taufwasser, das uns von allem gereinigt hat, was uns von Gott trennt; der Abendmahlskelch, aus dem das Blut, das Christus für uns vergossen hat, uns zum Leben unseres Lebens wird; und Gottes Geist, der uns Blinden die Augen des Glaubens an dieses Wunder aller Wunder allein zu öffnen vermag: daß Gottes Liebe uns im Kreuzestod seines Sohnes an seinem eigenen Leben teilgegeben hat (vgl. Joh 19, 34).

Zu 5, 16-17

Die einzige „Todsünde", an der das Leben eines Menschen unrettbar zugrundegeht, ist ein so beharrlicher Unglaube, der sich dem Allerletzten, das Gottes Liebe für uns getan hat, in Feindschaft verweigert. Gott zwingt niemandem die Rettung aus dem ewigen Tod auf, – eben weil es seine Liebe ist, die uns daraus allein zu retten vermag. Sie will, daß wir ihr von Herzen vertrauen. Aus aller anderen Sünde, so schwer sie auch sein mag, hat der gekreuzigte Sohn Gottes uns befreit. Darum dürfen und sollen Christen für alle Menschen beten in der Gewißheit, daß Gott sie erhört. Allein für einen Menschen, der sich bis in seinen Tod hinein der Feindschaft gegen Gottes Liebe verschrieben hat, kann es eine solche erhörungsgewisse Fürbitte nicht geben – weil die Befreiung aus solcher Tod-Sünde Gottes letztes, eigenes Geheimnis bleibt.

dieses Gebot haben wir von Ihm: daß, wer Gott liebt, auch
seinen Bruder liebt.

(5, 1-12)

Der Glaube an Jesus stützt sich auf Taufe und Eucharistie und auf das Zeugnis des Geistes.

5 1 Jeder, der glaubt, daß Jesus der Christus ist, ist aus
Gott gezeugt. Und jeder, der Den liebt, der Ihn gezeugt hat,
2 liebt auch Den, der von Ihm gezeugt ist. Daran erkennen
wir, daß wir Gottes Kinder sind: wenn wir Gott lieben und
3 Seine Gebote tun. Denn das ist die Liebe zu Gott: daß wir
Seine Gebote halten – und Seine Gebote sind nicht schwer.
4 Denn alles aus Gott Gezeugte überwindet die Welt; und das
ist der Sieg, der die Welt besiegt hat: unser Glaube.
5 Wer ist es, der die Welt überwindet, als der, der
6 glaubt, daß Jesus der Sohn Gottes ist? Dieser ist es, der
durch Wasser und Blut gekommen ist: Jesus Christus. Nicht
im Wasser allein, sondern im Wasser und im Blut; und der
7 Geist ist der Zeuge, denn der Geist ist die Wahrheit. Denn
8 drei Zeugen sind es: der Geist und das Wasser und das Blut;
und diese drei sind eins.
9 Wenn wir das Zeugnis der Menschen annehmen, ist
Gottes Zeugnis größer. Denn das ist Gottes Zeugnis: daß Er
10 sich selbst für Seinen Sohn verbürgt hat. Wer an den Sohn
Gottes glaubt, hat dieses Zeugnis in sich. Wer Gott nicht
glaubt, hat Ihn zum Lügner gemacht, weil er nicht geglaubt
hat an das Zeugnis, mit dem Gott sich für Seinen Sohn ver-
bürgt hat. Und dies ist das Zeugnis: daß Gott uns ewiges 11
Leben gegeben hat, und dieses Leben in Seinem Sohn ist.
Wer den Sohn hat, hat das Leben. Wer Gottes Sohn nicht 12
hat, hat auch das Leben nicht.

Dies habe ich euch geschrieben, damit ihr wißt: Ihr (5, 13-21)
habt ewiges Leben, die ihr glaubt an den Namen des Sohnes
Gottes. Und das ist der Freimut, den wir zu Ihm haben: daß, 14
wenn wir etwas nach Seinem Willen erbitten, Er uns hört.
Und wenn wir wissen, daß Er uns hört, worum wir Ihn 15
bitten, wissen wir, daß unsere Bitten erfüllt werden, die wir
von Ihm erbeten haben. Wenn einer seinen Bruder sündi- 16
gen sieht – sofern es nicht eine Todsünde ist – soll er für ihn
bitten, und Gott wird ihm Leben geben – denen, die nicht
zum Tode sündigen. Es gibt Sünde, die zum Tode führt; für
die sage ich nicht, daß man Fürbitte tun soll. Jedes Unrecht 17
ist Sünde; und es gibt Sünde, die nicht zum Tode führt.
Wir wissen: Jeder, der aus Gott gezeugt ist, sündigt 18
nicht; sondern wer aus Gott gezeugt ist, bewahrt Ihn (in
sich), und der Böse rührt ihn nicht an. Wir wissen, daß wir 19
aus Gott sind, und daß die Welt ganz und gar dem Bösen ver-
haftet ist. Wir wissen aber, daß Gottes Sohn gekommen ist 20
und uns den Sinn gegeben hat, Ihn, den Wahrhaftigen, zu
erkennen. Und wir sind in dem Wahrhaftigen; in Seinem
Sohn Jesus Christus. Er ist der wahrhaftige Gott und ewiges
Leben. Kinder, hütet euch vor den Götzen! 21

Die Ölbilder

von Andreas Felger

Einführung zu den Bildern.

Oliver Kohler

Kreisförmig verebbende Wellen verraten den in einen See geworfenen Stein. Echo auch auf das Überhörbare zeichnet die Kunst aus. Sie gibt Resonanz auf das den Menschen Betreffende, Bedrängende und Beglückende: Leid und Sterben – in Picassos Arbeiten zum Spanischen Bürgerkrieg, Herkunft und Kindheit – in Chagalls Witebsker Häuserfronten, Rast und Geborgenheit – in Noldes satten Sonnenblumen, um nur jeweils ein Beispiel zu nennen. Immer wieder neu und überraschend rufen die Berichte über Jesus von Nazareth, über seine Wege und seine Worte Resonanz in der Kunst hervor. Dabei sind die Evangelien selbst ein Echo – geschrieben von Betroffenen, denen es nicht selten die Sprache verschlug, und die deshalb zu schreiben begannen. Das Johannesevangelium hat eine besondere Nähe zur bildenden Kunst. Sein Verfasser erzählt Stationen voller Plastizität. Sie bergen im Besonderen das Allgemeine, im Wandelvollen das Bleibende, im Zeitlichen Ewiges: Wasserkrüge füllen sich mit Wein, ein Brunnen offenbart die Tiefe menschlicher Sehnsucht, seine Liege trägt ein bisher Gelähmter aus dem Hospital... Der Evangelist übermittelt aber auch Aussagen Jesu über sich selbst, die in Bildern voller Sinn sein Dasein entfalten: „Ich bin der Weinstock, die Tür, der sorgsame Hirte...".

Diesem Evangelium hat sich der Maler Andreas Felger gestellt. Achtzehn Ölbilder aus seinem Zyklus zum Johannesevangelium werden hier wiedergegeben. Sie alle haben das Format 80 × 100 cm und entstanden vom Herbst 1990 bis zur Osterzeit 1991. Keine Bilder „über" das Johannesevangelium sind dies, nicht einmal „zum", sie lassen sich nur verstehen als Werke „aus" diesem Evangelium. An ihrem Anfang stand ein jahrelanges Vertrautsein des Malers mit den biblischen Texten. Zeitgeschichte und Heilsgeschichte, politische Ereignisse und Glaubenserfahrungen gehören für ihn zusammen – in seinem Atelier liegen Zeitung und Bibel beieinander. Als Ulrich Wilckens seine neue Übersetzung des Johannesevangeliums abgeschlossen hatte, wurde sie zu einer künstlerischen Herausforderung für Andreas Felger. Einige der Skizzen, die als Marginalien zum Evangelientext eine erste Annäherung des Künstlers zeigen, finden sich im vorderen Teil des Buchs. Der Aquarellist Andreas Felger hatte in den letzten Jahren einen konsequenten Weg zur gegenstandslosen Komposition beschritten. In seiner Ölmalerei setzt er sein Ringen um die Farbe als Träger von Empfindungen und um das sparsame, darin aber aussagevolle Symbol fort. Erstmals stellt dieses Buch einen ganzen Zyklus seiner Ölbilder vor.

Die Bilder

Das Licht scheint in der Finsternis

Hochzeit zu Kana

Tempelreinigung

Nikodemus – Wasser und Geist

ICH BIN das Brot des Lebens

ICH BIN die Tür

ICH BIN der gute Hirte

Auferweckung des Lazarus

Salbung in Bethanien

Fußwaschung

ICH BIN der Weinstock

Verleugnung des Petrus

Dornenkrone

Unter seinem Kreuz

Die fünf Wundmale Jesu

Auferstehung

Thomas

See Tiberias – Fischzug

Das Licht scheint in der Finsternis *(Johannes 1, 5)*

Hochzeit zu Kana *(Johannes 2, 1-11)*

Tempelreinigung *(Johannes 2, 13-22)*

Nikodemus – Wasser und Geist *(Johannes 3)*

ICH BIN das Brot des Lebens *(Johannes 6, 35)*

ICH BIN die Tür *(Johannes 10, 9)*

FELGER 91

ICH BIN der gute Hirte *(Johannes 10, 14)*

Auferweckung des Lazarus *(Johannes 11)*

FELGER '91

Salbung in Bethanien *(Johannes 12, 1-8)*

FELGER 91

Fußwaschung *(Johannes 13, 1-11)*

FELGER 91

ICH BIN der Weinstock *(Johannes 15, 5 - 6)*

Verleugnung des Petrus *(Johannes 18, 15-18, 25-27)*

FELGER 91

Dornenkrone *(Johannes 19, 1-5)*

Unter seinem Kreuz *(Johannes 19, 17)*

FELGER 91

Die fünf Wundmale Jesu *(Johannes 19, 18-30)*

RIGER '91

Auferstehung *(Johannes 20)*

FELGER 91

Thomas *(Johannes 20, 24 - 29)*

See Tiberias – Fischzug *(Johannes 21, 1-14)*

FELDER 91

Erläuterungen zu den Bildern

Oliver Kohler

Das Licht scheint in der Finsternis

Das Geheimnis des Anfangs fächert sich auf. Dabei erscheint das Gelb ohne Beginn und unerschöpflich. Im Schöpfungswind weht Licht auf Unerhelltes hinab. Hier und da bilden sich schon lichte Inseln. Ein Strahl entzündet den siebenarmigen Leuchter. Gottes Ankunft bedeutet ein Fest. In der Mitte des Bildes ist ein Aleph zu erkennen, der Anfangsbuchstabe des hebräischen Alphabets. Immer neue Worte sucht – und findet – die Sprache des Schöpfers.

Hochzeit zu Kana

Weiter Raum öffnet sich, von einer Menorah, dem siebenarmigen Leuchter, festlich erhellt. Eine Hochzeit im Orient ist für alle Sinne ein Fest. Auch der Wein spielt dabei seine Rolle. Geht er aus, steht das Fest auf dem Spiel. Da läßt der Mann aus Nazareth, einer der Gäste, Krüge mit Wasser füllen. Geschöpft wird aus den Amphoren rechts am Bildrand aber Wein von erlesener Qualität. Zu Gottes Möglichkeiten gehört, die Wirklichkeit der Welt – das Blau des Wassers – mit seinem Geist – in hellen Wirbeln – zu durchdringen, ja zu verwandeln. In Raum und Zeit, dafür stehen die Quadrate links unten, ereignen sich seine Wunder. Ein zarter Hauch des Anbruchs liegt über dem Bild. „Dies ist der Anfang der Zeichen, die Jesus getan hat, . . ." resümiert das Johannesevangelium über die Hochzeit zu Kana.

Tempelreinigung

Der Tempel in Jerusalem – gedacht war er als ein Ort der Begegnung zwischen dem unsichtbaren Gott und den Menschen. Das dunkle Rahmenfeld des Ölbilds zitiert seine Architektur: Stufen erinnern an Treppen, die den Zugang ins Innere bildeten. Helles Blut markiert die Plätze, an denen Opferlämmer geschlachtet wurden. Im Zentrum aber liegt das Allerheiligste. Mit ganzer Leidenschaft und mit rückhaltlosem Leiden drängte Christus die Entstellung der Gottesbilder zurück. Die unbemalte Leinwand in der Bildmitte läßt Raum für die Frage: Wer ist Gott wirklich?

Nikodemus – Wasser und Geist

An der symbolischen Dichte dieses Bildes haben auch die Linien und Ebenen teil. Ein großes Taufbecken ist zu erkennen. Nach altchristlicher Tradition hat es einen kreuzförmigen Grundriß. Rechts führen Treppen zum Wasserbecken hinab. Dunkle Töne prägen den unteren Bildrand, bis hin zum Schwarz. Der Tod des Bisherigen gehört zum Taufgeschehen. Ein schon geborener Mensch bekommt die Chance zu einer neuen Existenz, nicht mehr auf sich selbst zielend, sondern auf das Du Gottes ausgerichtet. Darum ging es bei dem nächtlichen Gespräch zwischen dem gelehrten Nikodemus und Jesus. Möglich wird das Neue nur durch ein Einwirken von oben: Licht fällt auf das Wasser. Der Heilige Geist in Gestalt des Sinnbilds einer Taube trifft auf den Schnittpunkt beider Diagonalen: den Ort der neuen Geburt.

ICH BIN das Brot des Lebens

Das erste von vier Ölbildern zu den „Ich bin…"-Aussagen Jesu. Ein kreuzförmig geteilter Laib bildet die Mitte. Das vom Himmel herabgekommene Brot teilt sich in alle vier Himmelsrichtungen. Der Geburtsort Jesu, Beth – Lehem, bedeutet: Haus des Brotes. Zwei sich schneidende Diagonalen umschließen oben ein gleißend helles Dreieck: Der Lichtglanz des Weihnachtsgeschehens über Bethlehem, dessen Häuser und hügelige Straßenzüge am unteren Bildrand erkennbar sind. Dunkle Farbblöcke und wärmere Goldtöne umreißen das Spannungsgefüge dieses Geschehens. In ihm steht auch die dritte Bedeutungsebene dieses Bildes. Ein Feld, in das Samen ausgestreut wurde, kann in seinem unteren Bereich gesehen werden. Im Dunkel rechts bleibt die Erde verschlossen und tot. Links aber finden sich punktförmige Körner. In der gelben Fläche darüber sind sie zur Frucht in ihrer ganzen Fülle und Schönheit aufgegangen.

ICH BIN die Tür

Auch in diesem Bild verschmelzen Aussagen Jesu und heilsgeschichtliche Ereignisse zu einer Komposition. Wie in mehrstimmiger Musik bilden verschiedene Klänge ein Ganzes. Zwei Türen repräsentieren entgegengesetzte Lebensformen. Rechts steigt eine breite Treppe zu einem rundbogigen Tor an. Der Weg in die Höhe führt hier aber ins Dunkel. Dagegen fällt durch die schlanke Tür in der Bildmitte sogar ein Licht auf den schmalen Weg vor ihr. Rostrote Spuren angetrockneten Blutes auf dem Türrahmen erinnern an die Nacht der Befreiung des jüdischen Volkes aus der Sklaverei in Ägypten. An Türen, die mit dem Blut eines Lammes bestrichen waren, ging der Gerichtsengel vorüber. Erst durch sein stellvertretendes Sterben wird Christus die Tür zum Leben. Ein überdimensionierter Stein hatte diese Tür verschlossen. Seine dunklen Farbsegmente und Einritzungen stehen für alles schuldhaft verhinderte und zerstörte Leben. Nach Art der Rollsteine vor antiken Gräbern ist er von der Tür weggewälzt. Ostern bricht an.

ICH BIN der gute Hirte

Ohne einen Hirten war im Altertum eine Herde nicht überlebensfähig. Er führte sie auf Weideflächen und wehrte Raubtiere ab. Hoch aufgerichtet zeichnet sich am rechten Bildrand die Gestalt Jesu ab. Eine Krone verrät seine Würde und seine Herkunft aus dem Geschlecht Davids, dem Hirten, der zum König wurde. Unter seinem weit ausgebreiteten Arm tummelt sich eine bunte Vielfalt von farbigen Elementen. Kein Einheitsgrau, sondern Originalität zeichnet diese Herde aus. Nägelmale am Hand- und Fußgelenk und eine Brustwunde erzählen davon, daß dieser Hirte für die ihm Anvertrauten stirbt. Die mittelalterliche Kunst kennt den „Schutzmantelchristus". Einen geborgenen und beschützten Lebenshorizont zeigt auch dieses Bild unserer Tage.

Auferweckung des Lazarus

Das Ereignis geschieht in einer eisigen Todeslandschaft. Ins Grab hatten sie den jungen Mann Lazarus schon vor vier Tagen gelegt, nun steht er im dunklen Tor der Grabanlage. Dieses Paradox ist ein Wunder. Ein Wirbelsturm scheint an den Binden zu zerren, die nach orientalischem Bestattungsbrauch um die Hände und Füße gewickelt waren. Mit den Binden fallen die Bindungen an Schuld und Tod. „Stricke des Todes, die reißen entzwei..." heißt es in einem alten Lied der Kirche. Rechts zeichnet sich die Gestalt Jesu ab. Er streckt seine Arme weit aus nach der noch ganz starren, beklommenen Gestalt des Auferweckten. Die kreuzförmigen Gesichtszüge Jesu weisen voraus auf sein eigenes, nahes Sterben. Dann wird das Endgültige des Todes endgültig Vergangenheit sein. Lazarus ist ein „Prototyp" des Kommenden.

Salbung in Bethanien

Auf Quadern und Dreiecken mit verhaltener Tönung weben farbige Linien ein Geflecht von Nähe und Vertrauen. Rechts unten das Antlitz der Maria, einer Jüngerin. Ihr rotes Haar leuchtet in der Glut ihrer Liebe. Sie kniet, hat mit Öl, ihrem wertvollsten Besitz, die Füße Jesu gesalbt und trocknet sie nun mit ihrem Haar. Er läßt es zu, nimmt sie mit weit vorgestrecktem Arm gegen den Vorwurf der Verschwendung in Schutz. Zu Gast ist er und doch schon im Weitergehen. Jerusalem ist sein Ziel, auf ihn wartet der Kreuzweg. Die Salbung Marias, antikem Brauch folgend, bereitet seine Beisetzung vor. Links unten ist ein Grab angedeutet. Das ganze Bild aber durchzieht die Bewegung eines Segensstroms. Die schenkende Maria ist darin beschenkt.

Fußwaschung

Ein Erlebnis der Jünger transzendiert dieses Bild in Grundformen der Liebe. „Ein Vorbild habe ich euch nämlich gegeben: Wie ich euch getan habe, so tut auch ihr!" sagt Christus im Johannesevangelium darüber. Ein Gastgeber erwies im antiken Orient seinem Besucher darin eine besondere Aufmerksamkeit, daß er ihm die Füße von den Spuren der ausgetrockneten, staubigen Wege wusch. Bei der letzten gemeinsamen Mahlzeit mit seinen engsten Freunden gießt Jesus Wasser in ein Becken und wäscht ihre Füße. Einen Wesenszug der Liebe offenbart er darin: Sie kommt nicht von oben herab, sie steigt die Stufen – links im Bild – hinunter, bis sie wirklich beim anderen angekommen ist.

ICH BIN der Weinstock

Die Mitte dieses zerklüfteten Bildes ist eine Weinrebe mit prallen Trauben. Viele Bildreden Jesu handeln vom Vertrauen zu Gott, von Glaube und Nachfolge. Hier sind die am Weinstock reifenden Trauben ein Bild für Menschen, die ihr Leben an das seine binden. Offenheit kann aber auch mißbraucht und in die Irre geleitet werden. Eine dreigezackte Krone rechts über der Rebe zeichnet Christus deshalb als den König aus, den Messias, den „wahren Weinstock", der Vertrauen ehrt. Ein Wirbel von Blättern, Trauben und Dolden im linken oberen Drittel versinnbildlicht die Dynamik des Wachsens. Senkrecht durchzieht das Bild ein kräftiger Stamm. Rote Tropfen und Spritzer an ihm erinnern an gekelterten Wein, aber auch an das Blut des Gekreuzigten. Aus den hellen Farbpartien setzt sich als Hintergrund ein großer, nach oben geöffneter Kelch zusammen. Im Abendmahl, im Geheimnis der Eucharistie werden alle gestärkt, die ihm vertrauen.

Verleugnung des Petrus

Eine nächtliche Szene, in der Wahrheit ans Licht kommt. Links oben drei gleißend helle Portale zum Palast des Hohenpriesters in Jerusalem. Irgendwo im Inneren wird der gerade verhaftete Jesus dort verhört, verleumdet und geschlagen. Petrus, einer der Seinen, war ihm bis zum Vorplatz des Gebäudes gefolgt und hatte, auf ihn angesprochen, jede Beziehung zu dem Mann aus Nazareth abgestritten. Nach jeder Verleugnung durchschnitt ein Hahnenschrei die Nacht. Triumphierend reckt sich dieses Tier mit der reichen Ornamentik seines Gefieders in die Höhe. Nichts entgeht seinen Augen. Links unten aber taucht das Antlitz des Petrus in die Verzweiflung ein. Zwei sich schneidende Diagonalen geben dem Bild die Binnenform eines Stundenglases. Die Zeit und das in sie Eingeprägte sind unumkehrbar. Aus dem Palast des Hohenpriesters kommend, wird Christus Petrus anschauen. In diesem Blick wird die Versöhnung sein.

Dornenkrone

Helle und dunkle Rottöne formen eine Fläche, deren Umrisse an ein Tabernakel erinnern. Zwei Kronen auf ihr stehen in augenscheinlichem Gegensatz: Im Inneren eine dreizackige Königskrone voll ruhiger Schönheit. Darum ein wirres Ineinander von Dornen, die Folterkrone der römischen Legionäre: „Und die Soldaten flochten eine Kranz aus Dornen und setzten ihn ihm aufs Haupt...". Im Leidensweg Jesu verschmelzen diese beiden scheinbar so gegensätzlichen Kronen: Er ist ein König, aber nicht der Gewalt und Unterdrückung. Liebe ist seine Sprache, glutvoll und opferbereit wie das Rot dieses Bildes.

Unter seinem Kreuz

Keinen Ruhepunkt findet das Auge des Betrachters in dem irrlichternden Gewoge von Farbfeldern und Symbolen, das die ganze Bildfläche durchzieht. Lanzenförmige Linien und Gitterstrukturen betonen das Bedrohliche der Szenerie. Weltgeschichte und Menschenwege – ausgespannt als ein Netz von Verstrickungen und Schuld. Violett als Farbe der Passion steht für das Leid aller Zeiten, das zugefügte und das erlittene. Ein Davidsstern in der Bildmitte erinnert an die Leidensgeschichte des jüdischen Volkes. Vor diesem Hintergrund wird ein dunkles Kreuz, dessen Balken die Bildränder schneiden, aufgerichtet und zur Hinrichtungsstätte geschleppt. Der Kreuzträger bleibt unsichtbar. Über ihn sagt der Prophet Jesaja: „Fürwahr, er trug unsere Krankheit und lud auf sich unsere Schmerzen. ... Die Strafe liegt auf ihm, auf daß wir Frieden hätten, und durch seine Wunden sind wir geheilt."

Die fünf Wundmale Jesu

Ein verinnerlichtes, verklärtes Kreuzigungsbild, das an die Passionsbilder des späten Rouault und an Manessiers meditative Farbkompositionen erinnert. An Schreckensszenen gewöhnte Augen will dieses Bild zum Innehalten einladen, zur „Innerung", wie Friso Melzer christliche Meditation genannt hat. Fünf Wundmale glühen in einer Plastizität von Edelsteinen auf. Nägel waren durch Hände und Füße des Gekreuzigten gedrungen, mit einer Lanze war ihm dann noch eine Brustwunde zugefügt worden. Vor dem nächtlich dunklen Hintergrund zeichnet sich ein sechszackiger Davidsstern ab. Was in bald zweitausend Jahren Kirchengeschichte oft auseinandergerissen und zur Verfolgung jüdischer Menschen mißbraucht wurde, nicht selten unter vermeintlicher Berufung auf das Johannesevangelium, sagt dieses Bild voll intensiver Stille: Christen leben und glauben aus jüdischen Wurzeln. Der Leidensweg Jesu ist vollendet. Durch Farben und Formen spricht der Satz des Gekreuzigten: „Es ist vollbracht."

Auferstehung

Über dem Dunkel bricht der Ostermorgen an. Die Architektur des Todes – massive Blöcke und festgefügte Quader – stürzt ein. Vor den Eingang zum Grab Jesu war ein Stein gerollt worden. Diesen finden seine trauernden Freunde weggewälzt. Ein erstes Zeichen für die Auferstehung. Das leere Grab bedeutet den Sieg des Lebens. Ein großer, lichter Raum weitet sich, voller Möglichkeiten und Hoffnung. Die verschiedenen Gelbtöne haben eine sphärische Transparenz. Ostern ist ein kosmisches Geschehen – und gilt doch jedem einzelnen.

Thomas

An den Menschen auf der linken Bildhälfte sind die Ereignisse der letzten Tage nicht spurlos vorübergegangen. Ihr Freund, ihr Vorbild und Lehrer wurde das Opfer eines Justizmordes. Zusammengekauert haben sie für ihr eigenes Leben gefürchtet. Erschütterte, Enttäuschte und Verletzte sind es, die zuerst von der Auferstehung Jesu hören. Ihre Freude darüber zögert, und der Auferstandene achtet dies. Immer wieder sucht er sie auf, geduldig läßt er ihnen die Zeit, neu zu vertrauen. Langsam schmilzt das Eis der verschiedenen Blautöne um sie. Einer aber, Thomas, gibt sich mit alldem noch nicht zufrieden. Christus geht auf seine Bedingung ein: Er läßt Thomas die noch frischen Wunden seiner Kreuzigung betasten. Die ausgestreckte Hand mit ihrer blutigen Innenhaut und der Arm des Zweiflers finden und berühren sich. Farbgebung und Komposition dieses Bildes variieren den Satz des Auferstandenen: „Friede sei mit euch!"

See Tiberias – Fischzug

Zwei Pole prägen dieses Bild. Rechts unten ist ein Rastplatz vorbereitet, eine Oase der Ruhe, in der zwei Fische Stärkung versprechen. Weit über die Bildmitte spannt sich ein prall gefülltes, riesiges Netz. Zwischen diesen beiden Polen siedelt Christus das Leben seiner Jünger und Freunde an: Innehalten und Aufbruch, Sammlung und Sendung, Kontemplation und Aktion. Wie stets beschreibt er auch diesen Lebensrhythmus nicht mit einem abstrakten Lehrsatz, er läßt ihn vielmehr sichtbar und spürbar werden. Es gilt, diese Erde mit der Liebe Gottes bekannt zu machen, diese Erde in allen ihren Bereichen und Bezügen: Partnerschaft und Generationenwandel, Technik und Kunst, Städte und unbebautes Land … Die Fische mit ihren sich auflösenden Konturen, die Zahlenreihe am linken Bildrand und das große Spektrum an Farben zeigen diese Vielfalt. Sie in der großen Gnade zu bergen, ist die Berufung von Christen. Für die Fischer damals hieß dies, das Netz auszuwerfen. Vor und in allem Tun aber stärkt der Auferstandene die Seinen: im Abendmahl, mit seinem Wort und mit den vielen Freundlichkeiten eines Tages – bis sich einmal das Netz runden und diese Welt vollendet sein wird.

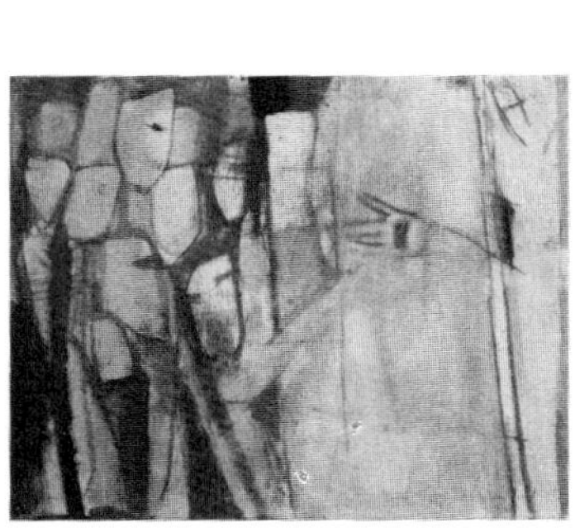

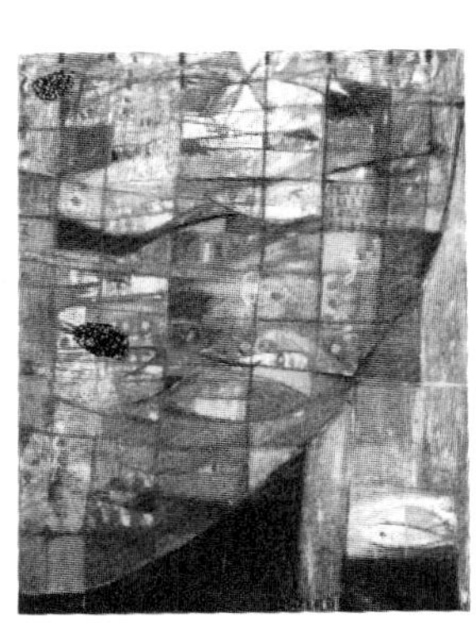

Ulrich Wilckens

Ulrich Wilckens wurde 1928 in Hamburg geboren. Ab 1941 lebte die Familie in Hinterzarten im Schwarzwald, nachdem es zu den ersten Luftangriffen auf Hamburg gekommen war. Bei den letzten Kämpfen um München wurde der Siebzehnjährige 1945 eingesetzt. In dieser äußersten Bedrohung machte er prägende Erfahrungen mit dem Neuen Testament.

Auf das Abitur (1947 in Hinterzarten) folgte von 1947 bis 1951 das Studium der evangelischen Theologie. Zu seinen Lehrern gehörten in Heidelberg G. Bornkamm, P. Brunner, H. von Campenhausen, G. von Rad und E. Schlink und in Tübingen E. Fuchs und H. Rückert.

Nach dem ersten theologischen Examen war Ulrich Wilckens von 1951 bis 1953 wissenschaftliche Hilfskraft bei G. Bornkamm. 1953 wurde er ordiniert und schloß 1956 seine Promotion im Fach „Neues Testament" ab. 1956 bis 1958 war er wissenschaftlicher Assistent am ökumenischen Institut der Universität Heidelberg. 1958 habilitierte sich Ulrich Wilckens für das Fach „Neues Testament".

In Marburg war er dann bis 1960 Dozent für „Neues Testament" und wirkte von 1960 bis 1968 als ordentlicher Professor an der Kirchlichen Hochschule in Berlin. Von 1968 bis 1981 hatte er eine Professur an der Universität Hamburg inne. Zu den vielbeachteten Veröffentlichungen dieses Autors zählen: „Das Neue Testament – übersetzt und kommentiert" (1970, bisher sechs Auflagen), „Der Brief an die Römer" in: Evang.-Kath. Kommentar zum NT, VI, drei Bände, und „Auferstehung – Das Auferstehungszeugnis des NT historisch untersucht".

1981 wurde Ulrich Wilckens zum Bischof für den Sprengel Holstein-Lübeck der Nordelbischen Evangelisch-Lutherischen Kirche berufen. Große Beachtung fand seine Rede zum Tod von Uwe Barschel, dem früheren Ministerpräsidenten von Schleswig-Holstein. Als Catholica – Beauftragter der Vereinigten Evangelisch-Lutherischen Kirche in Deutschland suchte und pflegte er Kontakte mit der römisch-katholischen Kirche auf allen Ebenen. Seit Herbst 1991 lebt er im Ruhestand.

Eine weltoffene christliche Existenz, ökumenische Weite und das Bemühen um ein vertieftes Verstehen des Neuen Testaments zeichnen Leben und Werk von Ulrich Wilckens aus.

Andreas Felger

Am Fuße der Schwäbischen Alb wurde Andreas Felger 1935 in Belsen geboren. Nach einer Lehre als Musterzeichner studierte er von 1954 bis 1956 an der Kunstakademie München. Ab 1959 war er als selbständiger Designer tätig. 1971 zog er mit seiner Familie nach Bad Camberg im Taunus, wo er heute lebt und arbeitet.

Seit 1973 entwickelt er seine Kunst des Holzschnitts, die ihn zuerst bekannt machte. Sein momentanes Schaffen ist breit gefächert: als architekturgebundene Werke entstehen Wandteppiche, Paramente und Glasfenster. In seinen Holzreliefs verbindet er mittelalterliche Altarbildtraditionen mit modernem Farbempfinden bei der Bemalung der reliefierten Holzflächen. Herausragende Beispiele für diese Werkgruppe sind die Holzreliefs für die Versöhnungskirche in Schorndorf und für das Pathologische Institut der Universität Mainz. Felgers freie Malerei widmet sich Blumen, Landschaften und abstrakten Kompositionen. Viele Bilder entstehen aus Reiseimpressionen (Patmos, Israel...) und im Dialog mit Musik und literarischen Texten. Seit 1990 bilden expressive Ölbilder mit leuchtenden Farbklängen einen Schwerpunkt seines Schaffens. Zahlreiche Ausstellungen im In- und Ausland, sowie Ankäufe von Museen und öffentlichen Einrichtungen begleiten den Entstehungsprozeß seiner Werke.

Der in diesem Buch wiedergegebene Zyklus zum Johannesevangelium setzt die Reihe seiner bedeutenden Zyklen fort. Zu ihnen gehören: „Schöpfung“, „Abraham“, „Hoheslied“, „Kreuzweg“, „Emmaus“ und „Ein Entronnener aus Warschau“ nach der Komposition von Arnold Schönberg.

Was Hans Küng einmal als die Möglichkeit eines Künstlers beschrieb, trifft auf Andreas Felger und sein Werk zu: „Er kann trotz aller sich aufdrängenden Absurdität, Leere, Sinnlosigkeit an einer grundlegenden Werthaftigkeit und Sinnhaftigkeit seines Lebens, der Welt überhaupt, festhalten. Er kann so, ..., gegen alle Versuchung der Verneinung doch ein grundsätzliches Ja sagen zur Wirklichkeit in all ihrer Fraglichkeit: ohne allen billigen Optimismus, ohne alle affirmative Lüge also statt eines Grundmißtrauens ein Grundvertrauen!“.

CIP – Titelaufnahme der Deutschen Bibliothek:
Im Anfang Er / Ölbilder und Skizzen von Andreas Felger. Mit Texten von Christamaria Schröter ... – Hünfelden-Gnadenthal: Präsenz-Verl., 1991
Enth.: Das Johannesevangelium / neu übers. von Ulrich Wilckens [Einheitssacht.: Evangelium <dt.>]. Der erste Johannesbrief / neu übers. von Ulrich Wilckens [Einheitssacht.: Epistolae <I> <dt.>]
ISBN 3-87630-480-6 Efal.
ISBN 3-87630-479-2 Gewebe
NE: Felger, Andreas [Ill.]; Schröter, Christamaria; Johannes <Apostolus>: Das Johannesevangelium; Johannes <Apostolus>: Der erste Johannesbrief

Buchdesign:
Albert Müllenborn, Wuppertal
Fotografien:
Seite 93: Oliver Kohler, Stuttgart
Seite 94: Achim Feld, Stuttgart
Satz:
Zerres-Satz GmbH, Leverkusen
Reproduktionen:
Scan-Repro H. Jaenecke, Hünfelden
Druck:
Grafische Werkstätte der Gustav Werner Stiftung, Reutlingen
Buchbindearbeiten:
Realwerk G. Lachenmaier, Reutlingen
Printed in Germany

Dieses Buch wurde gedruckt auf dem naturgeleimten, chlorfreien Werkdruckpapier „Römerturm imitiert Bütten" 110 g/m² (Textseiten) und auf dem naturweißen, chlorfreien Kunstdruckpapier „Phönix imperial halbmatt" 150 g/m² (Bildseiten).

Zu diesem Bildband ist eine Dia-Serie „Im Anfang Er" mit achtzehn Farbdias im Präsenz-Verlag erschienen.

3-87630-480-6